九州・花の旅

栗原隆司

海鳥社

花とともに生きて

太宰府天満宮宮司
太宰府顕彰会会長
西高辻信良

東風吹かばにほひおこせよ梅の花
あるじなしとて春な忘れそ

菅公がこよなく愛された梅の花。冬の寒いなか、その寒さにじっと耐え、いちばんに春の足音を教えてくれる梅の花。

日本人は古代よりさまざまな節目節目に花を愛で、花で季節を感じてきました。春に人生の哀れを感じ、そしてまた、豊かさを感じながら生きてまいりました。決して満開の花だけが美しいのではなく、五分咲きの、また七分咲きの、そして、つぼみの花も美しい。日本人とは、満開から散ろうとするその一瞬に、花の哀れ、つまり自分の人生を投影するように、花とともに生きてきた民族です。花は私たちに幸せを、勇気を、元気を与えてくれます。また、花は私たちに心の豊かさと優しさを与えてくれます。

このたび、写真家の栗原隆司さんのご尽力で、天満宮境内の四季折々の美しい花々、そして、私たちの故郷である九州の花日記ができあがりました。この地に住む喜びと豊かさを感じながら、皆さまとともに花日記を楽しんでみたいと思います。

九州・花の旅◉目次

佐賀県

長崎県

熊本県

大分県

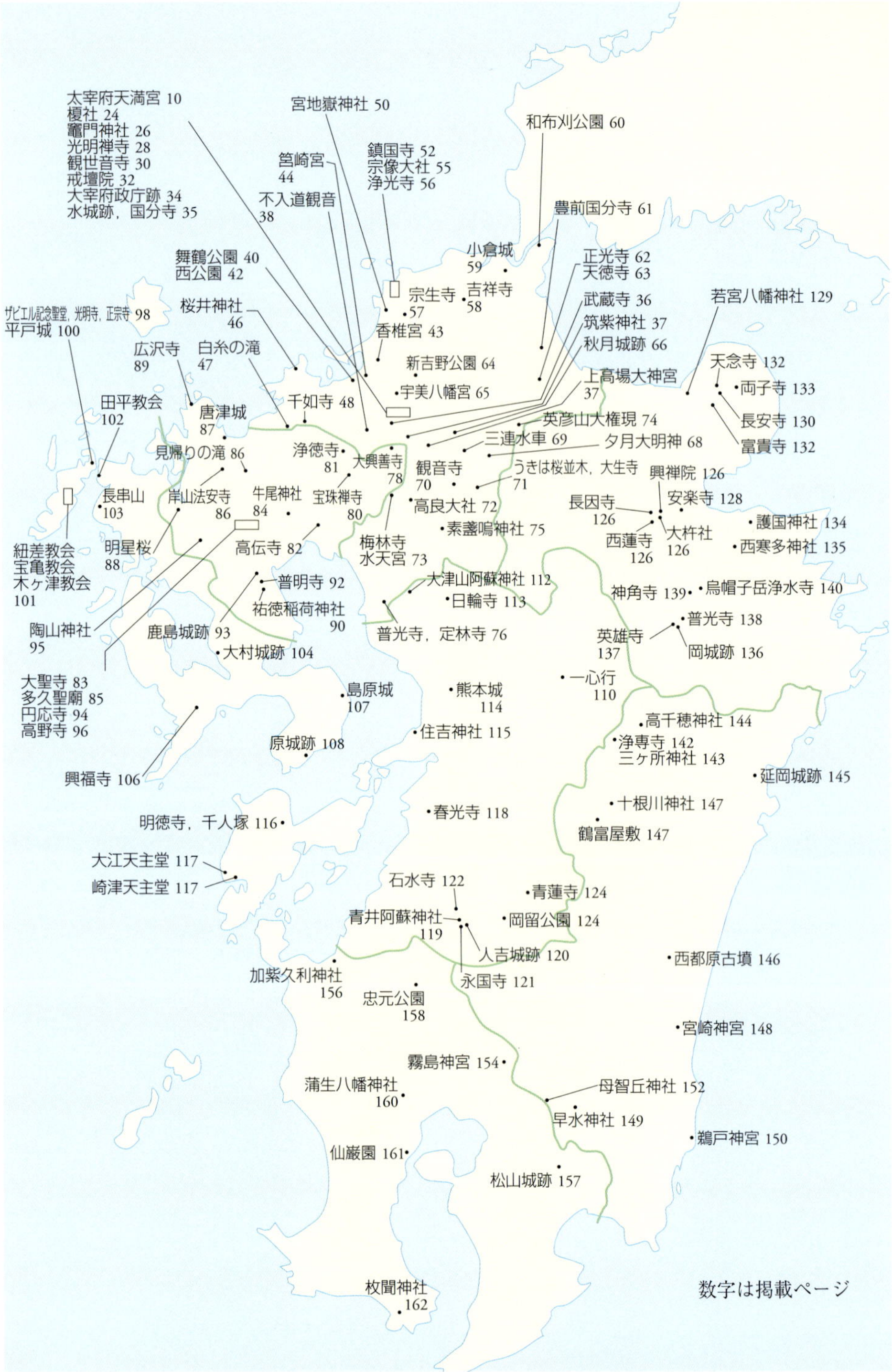

太宰府天満宮 10
榎社 24
竈門神社 26
光明禅寺 28
観世音寺 30
戒壇院 32
大宰府政庁跡 34
水城跡，国分寺 35
宮地嶽神社 50
筥崎宮 44
不入道観音 38
鎮国寺 52
宗像大社 55
浄光寺 56
和布刈公園 60
豊前国分寺 61
小倉城 59
正光寺 62
天徳寺 63
舞鶴公園 40
西公園 42
宗生寺 57
吉祥寺 58
武蔵寺 36
筑紫神社 37
秋月城跡 66
若宮八幡神社 129
ザビエル記念聖堂，光明寺，正宗寺 98
平戸城 100
桜井神社 46
香椎宮 43
広沢寺 89
白糸の滝 47
新吉野公園 64
上高場大神宮 37
天念寺 132
両子寺 133
宇美八幡宮 65
田平教会 102
唐津城 87
千如寺 48
英彦山大権現 74
長安寺 130
三連水車 69
夕月大明神 68
富貴寺 132
見帰りの滝 86
浄徳寺 81
大興善寺 78
観音寺 70
うきは桜並木，大生寺 71
興禅院 126
長串山 103
岸山法安寺 86
牛尾神社 84
宝珠禅寺 80
高良大社 72
長因寺 126
安楽寺 128
素盞嗚神社 75
護国神社 134
紐差教会
宝亀教会
木ヶ津教会 101
明星桜 88
高伝寺 82
梅林寺
水天宮 73
西蓮寺 126
大杵社 126
西寒多神社 135
普明寺 92
大津山阿蘇神社 112
神角寺 139
烏帽子岳浄水寺 140
祐徳稲荷神社 90
日輪寺 113
陶山神社 95
鹿島城跡 93
普光寺，定林寺 76
普光寺 138
英雄寺 137
岡城跡 136
大村城跡 104
大聖寺 83
多久聖廟 85
円応寺 94
高野寺 96
島原城 107
熊本城 114
一心行 110
高千穂神社 144
住吉神社 115
浄専寺 142
三ヶ所神社 143
原城跡 108
興福寺 106
延岡城跡 145
十根川神社 147
春光寺 118
明徳寺，千人塚 116
鶴富屋敷 147
大江天主堂 117
崎津天主堂 117
石水寺 122
青蓮寺 124
青井阿蘇神社 119
岡留公園 124
人吉城跡 120
西都原古墳 146
加紫久利神社 156
永国寺 121
忠元公園 158
宮崎神宮 148
霧島神宮 154
蒲生八幡神社 160
母智丘神社 152
早水神社 149
鵜戸神宮 150
仙巌園 161
松山城跡 157
枚聞神社 162
数字は掲載ページ

不入道観音・石楠花

福岡県

英彦山大権現・シャガ

太宰府天満宮《だざいふてんまんぐう》

今年も見事に「飛梅」が開花しました。早咲きで，1月下旬には早くも満開になります。それから神苑の6000本の梅がほころび始めます。左上から，粉雪が舞う中の紅梅，本殿前の「香川」,「肥後の駒止」と続き，2月中旬が見頃です。梅の最後を飾るのは「紋隠しの梅」で，3月下旬の開花です。

梅が満開の頃

東風《こち》吹かばにほひおこせよ梅の花
　　あるじなしとて春な忘れそ

学問の神様・菅原道真公を祀る太宰府天満宮は、ゆかりの「飛梅《とびうめ》」をはじめ、季節の花が咲き乱れるお宮でもあります。

一月七日のうそかえ、鬼すべ神事の頃には、本殿右手にある一番早咲きの「飛梅」の蕾も大きくふくらみ、いよいよ梅の季節の到来です。

早春二月から三月にかけて、境内にある約六千本、百九十七種の梅が次々と咲き競い続けるのです。毎年、三月の第一日曜日に行われる雅《みやび》な「曲水の宴」も見逃せません。梅の香の下、平安絵巻さながらに和歌を詠じる姿には、時を越えていにしえが偲ばれます。

そろそろ四月、桜の花が咲こうかという頃に一番遅咲きで大輪の「紋隠《もんかく》しの梅」が咲けば、ようやく梅の季節も終わりです。

「飛梅」が薄暮の頃，本殿の暖かい光に包まれています（右頁下)。1月から咲き出す臘梅（左）に続いて，本殿前の「香川」が満開になった2月25日，梅花祭が行われます（上)。
3月の「曲水の宴」の日，行列が静々と太鼓橋を渡って行きます。
私の母校でもある太宰府小学校の校庭の梅園には，二宮尊徳像とともに，菅公像も子供たちを見守っています。

春爛漫、四月から五月

桜に続いてもう花、花、花の競演です。至る所で開花する花が発見できます。山吹、雪柳《ゆきやなぎ》、石楠花《しゃくなげ》、藤、つつじ、エビネランにヒトツバタゴ、そして芍薬《しゃくやく》と息つく間もないくらいに。あやめに皐月《さつき》、鬼すべの神事に使う卯《う》木《ぎ》の花も見られます。この頃は、いつ行っても何かの花を見ることができるのです。

境内の大樟《おおくす》も古葉を落とし、すっかり新緑の装いに包まれました。もみじや楓《かえで》などの落葉樹も若葉が萌え、これらもよく見ると花をつけています。

染井吉野の花びらが落下し，菖蒲池の水面を埋めていきます。八重桜も鮮烈な印象です。
左頁左上から時計回りに，ゴールデンウィークには満開になる，別名ナンジャモンジャとも呼ばれるヒトツバタゴ，市内宰府にあるヒトツバタゴ，鬼すべ堂横の山吹，石楠花，太鼓橋近くの山吹，大樟の根元で咲くシャガ。

4月から5月初旬にかけて，つつじ，エビネラン，山藤が咲き誇ります。藤は境内の一角にある天開稲荷のものが見事です。

５月は樟の新緑が目に鮮やかです。牡丹が咲き，祖霊殿前には珍しい利休バイも咲いています。天満宮幼稚園の良い子たちは，境内が遊び場です。

芍薬（しゃくやく）４態。可憐で麗しい花です。５月いっぱい，菖蒲池の周りで次々と開花していきます。左は浮殿にある卯木（うつぎ）の花。鬼すべ神事ではこの木で鬼を退散させるそうです。５月中旬の開花です。

梅雨の六月、そして夏

梅の実も大きく熟しました。しのつく雨ですが、植物たちはますます元気にその勢いを増してきます。心字池を縁どる紫陽《あじさ》花《い》が水色からピンク色にガクの色を変える頃、菖蒲池の方でも花菖蒲たちが妖しく咲き揃います。夜間ライトアップに照らし出された菖蒲を、ほとりの茶店で梅ヶ枝餅をほうばりながら眺めるのも、なかなかの風情です。

梅雨も明け、境内がセミ時雨《しぐれ》の声に覆われる頃。七月の夏祭りも終われば、入道雲の下、元旦からの賑わいも、ようやくひっそりとしてきます。夏の花、サルスベリのピンクや芙蓉《ふよう》の白い花が、片隅でこっそりと咲いていたりします。木陰を涼しい風が吹き渡っていきます。

6月は花菖蒲と紫陽花が境内を彩ります。
夜の菖蒲池は幽玄の世界です。
8月の盛夏には，百合やカンナなどを発見します（左頁）。

秋から冬に

九月二十一日から始まる秋祭りで秋の到来です。地元の人が「ドンカン祭り」（太鼓と伍行《ごぎょう》の鐘の音から）と呼ぶ神幸式大祭で、約二キロ先の道真公が亡くなった榎社《えのきしゃ》との間を、二十二日夜の「お下《くだ》り」、二十三日午後の「お上《のぼ》り」として往き来します。道真公の霊を慰めるとともに、五穀豊饒に感謝する祭りでもあります。二十五日の「千灯明《せんとうみょう》」は、太鼓橋の灯明が心字池に反射し、幽玄の世界を創り出します。本殿前にもボンボリが灯されます。

七五三の良い子たちが集う頃、石蕗《つわぶき》の黄色い花の可憐な姿がありました。恒例の菊花展が終われば、神苑のもみじが赤味をさらに増します。

いちょうの葉もすっかり落ちてしまい、やがて山は急速に色を失って、十二月に入れば、天満宮の一年で最も静かな時を迎えます。

太宰府天満宮：太宰府市宰府 4 - 7 - 1
☎092-922-8225（宮）
榎社：太宰府市朱雀 6 -18- 1
竈戸神社：太宰府市内山883
光明禅寺：太宰府市宰府 2 -16- 1
観世音寺：太宰府市観世音寺 5 - 6 - 1
戒壇院：太宰府市観世音寺 5 - 7 -10
大宰府政庁跡：太宰府市観世音寺 4 - 6 - 1
国分寺：太宰府市国分 4 -13- 1
水城跡：太宰府市水城
☎092-921-2121（市観光課）

10月は全国各地から訪れる修学旅行生のピークです。11月の菊花展の後，もみじが真っ赤に燃え，北神苑の大いちょうの落葉が空を舞い，心字池のほとりに石蕗が咲いています。

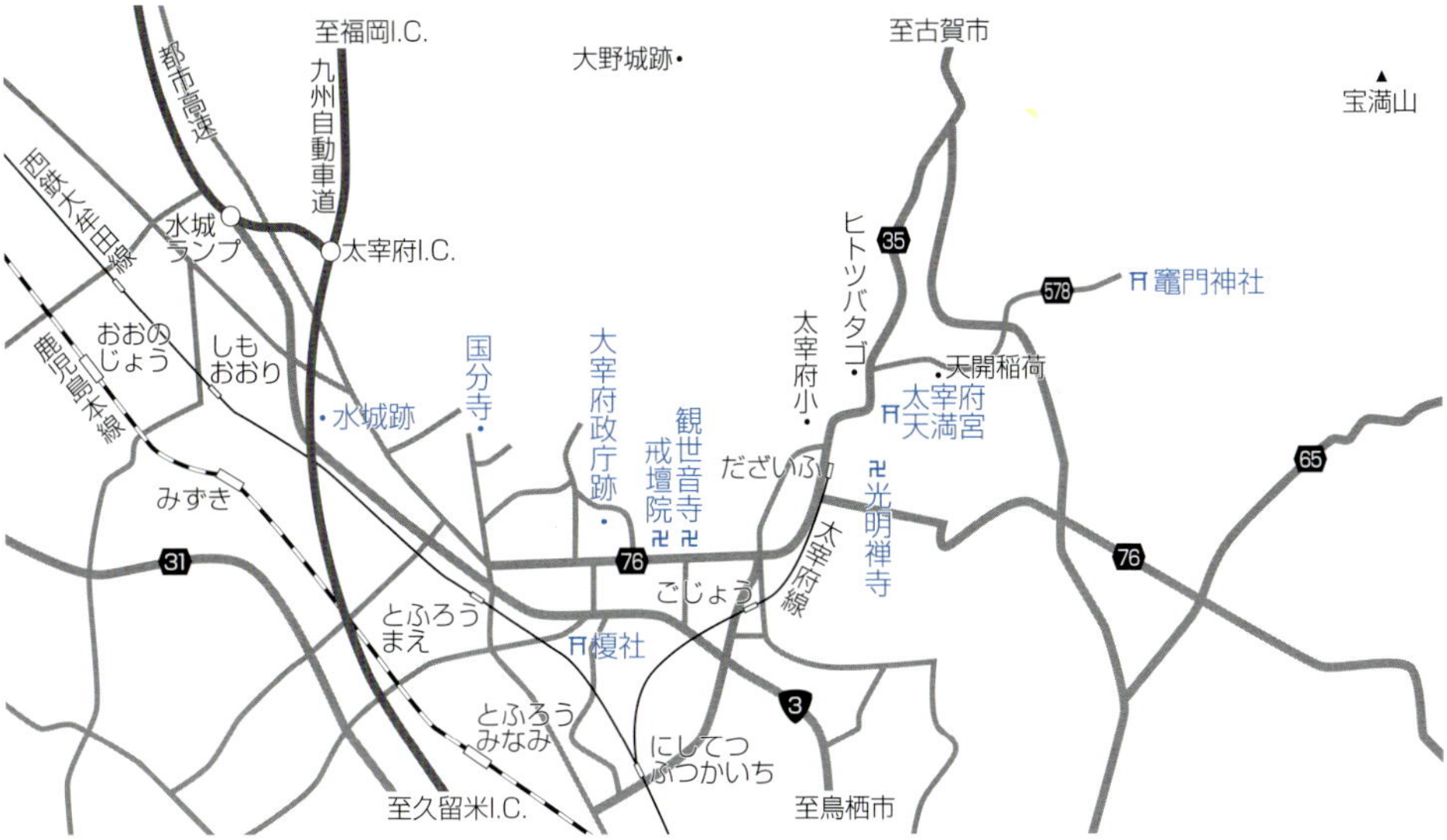

榎社

えのきしゃ

春、雪柳《ゆきやなぎ》が真っ白い花も彩やかに、境内の片隅に咲き出します。夏には芙蓉《ふよう》の花が。そして、ちょうどお彼岸の頃、彼岸花が境内のあちこちに顔を出し、萩の花が咲き残っています。

その昔、榎寺と呼ばれていた榎社は、九月二十二・二十三日の秋の神幸式大祭の日を除いて、ひっそりと静かな時を刻んでいます。たまに見かけるのは、近所の子供たちの遊ぶ姿で、時折歓声があがります。

九月二十三日の「お上り」の前に舞われる「倭舞《やまとまい》」は、四名の童女によって奉納されます。榊舞《さかきまい》と鈴舞があり、天神様御神詠の三首と京風数え歌の謡《うた》も優華な響きがあり、華やかです。

平安朝の昔、九百年以上も前に、時の大宰権帥・大江匡房卿《おおえのまさふさきょう》によって始まった神幸式大祭は、福岡県無形文化財に指定されており、衣冠《いかん》、直垂《ひたたれ》姿で御神輿《ごしんよ》が通るドンカン道は、四十年ほど前まで田んぼの畦道のような所でした。道真公の亡きがらを乗せた牛車が動かなくなった所が、現在の太宰府天満宮だということです。

境内の片隅に赤い彼岸花。お彼岸に合わせるように開花するのは不思議です。9月に入っても暑い九州のこと，ドンカン道では木槿（むくげ）やサルスベリの花が咲き誇っていました。

３月中旬，榎社入口の雪柳が純白の妖精のような花を咲かせます。花に包まれたドンカン道を御神輿が太宰府天満宮へ戻って行きます。「倭舞」は可愛らしくも優美です。

竈門神社《かまどじんじゃ》

縁結びの神社として知られる竈門神社は、神武天皇の生母・玉依姫命《たまよりひめのみこと》を祭神としています。

歴史は古く、飛鳥時代、大宰府政庁の鬼門除けとして造営されたと言います。宝満山登山口の途中にあり、宝満山山頂の上宮に対して、こちらは下宮に当たり、現在の社殿は一九三一年の建立だそうです。

登山客に混じって、若いカップルや女の子たちのグループの拝観が目立つのも、この神社の特徴になっています。

春、桜の季節になると、百段以上もある本殿への石段の両脇を、ピンク色の妖艶な花が覆い尽くします。桜の開花から一足遅れて、本殿脇には石楠花《しゃくなげ》も咲き揃います。

宝満山山麓で標高があるからでしょう。秋の紅葉も見事です。約千本のもみじと南京櫨《なんきんはぜ》が境内を染めていきます。

ここの縁結びのお守りやおみくじは、太宰府天満宮本殿の一角でも授与されています。こちらも若い娘《こ》たちに人気です。

竈門神社の花を代表する，紅葉に桜，石楠花です。片隅ではひっそりと牡丹八重桜が存在を誇示していました。
下は太宰府天満宮内にある竈門神社のお守りなどの授与所。女の子はほんとうに恋占いが好きですね。

えんむすびの神

「一滴海之庭」の紅葉と新緑です。紅葉は11月後半からが最盛期。下は，前庭「仏光石庭」の紅葉です。

光明禅寺《こうみょうぜんじ》

苔寺《こけでら》、石庭の寺として有名な光明禅寺は、一二七三年、鎌倉時代の創建です。枯山水の庭がある九州随一の寺でもあります。太宰府天満宮のすぐお隣りにあり、参拝者、拝観者が後を絶ちません。

　土壁が巡らされた前庭に入ると、石で光の文字を表した「仏光石庭」が目に飛び込んできます。早春の梅

4月中旬，石楠花が苔寺を華やかにします。2月には紅梅が「仏光石庭」を静かに見下ろしています。

や秋のもみじがポイントになっています。

次に中庭の「一滴海之庭」を縁側から拝観します。苔と白砂で陸と海が表現されています。秋の紅葉ももちろん素晴らしいのですが、春先の新緑のもみじの瑞々しさも、また美しいものです。苔庭の各所に配置された石楠花の咲く頃も良いですよ。

喧噪から逃れて一息つく、至福の時が過ごせます。

観世音寺《かんぜおんじ》

日本最古の梵鐘の残る観世音寺は、天智天皇の奈良時代、七四六年の創建で、歴史を刻んだ境内は木々に囲まれ、静まり返っています。宝蔵の仏像群は見事で、圧倒されます。

たくさんではありませんが、季節を追えば、境内の一角に紫陽花《あじさい》や花菖蒲、そして萩などがひっそりと咲いています。寺を囲むように秋桜《コスモス》畑が広がり、秋空の下、すがすがしい気分です。紅葉もきれいに色づきます。

大晦日、「ゴーン」、「ゴーン」と百八つの除夜の鐘の音が、凛《りん》とした冬の冷気を伝わって響きます。金堂や鐘楼がライトアップされ、暗闇に浮かび上がっています。静かな、静かな初詣風景です。

右頁の秋桜は太宰府市が進める花いっぱい事業の一環で，11月の秋晴れの日の一コマです。

６月の境内には，紫陽花に花菖蒲。石碑前の浴衣姿も涼しげな夏が過ぎれば，紅葉の秋。11月下旬には赤く染まり，秘かに椿も咲いています。そして金堂のライトアップで越年です。

戒壇院《かいだんいん》

観世音寺のすぐ隣の戒壇院は、七六一年に観世音寺境内に建てられたもので、僧侶に戒律を授ける所でした。唐僧・鑑真和上がここで初めて授戒を行った、と伝えられています。日本三戒壇の一つ（あと二つは奈良東大寺と下野薬師寺）でしたが、現在は禅寺です。

境内はこぢんまりとしていますが、周囲を赤土壁が取り囲み、歴史がそうさせるのでしょう、風情があります。

鑑真ゆかりの菩提樹があり、春には枝垂《しだ》れ桜が咲き誇ります。寺に通じる参道脇には白木蓮があって、借景として趣を添えます。寺の裏手には観世音寺、学校院跡、大宰府政庁跡へと通じる古道があり、花を愛でる散策路ともなっています。

こちらも年末から元旦朝までライトアップされ、境内の一角で、山茶花《さざんか》の花が静かに咲いています。

3月下旬，枝垂れ桜が境内を静かに包み込みます（右頁）。左頁上から，3月の白木蓮，11月の学校院跡のピラカンサの赤い実。櫨（はぜ）の紅葉に年末の戒壇院。山茶花が暖かい光に包まれています。

大宰府政庁跡《だざいふせいちょうあと》

大宰府政庁跡は、七世紀後半から奈良・平安時代にかけて九州一帯を治めていた所で、都府《とふ》楼跡《ろうあと》とも呼ばれています。周辺の発掘調査が進み、現在の場所は、広大な全体のほんの一部であるということがわかってきました。

現在、七十数個の礎石が並んだ史跡公園として整備されており、市民の憩いの場になっています。政庁跡を取り囲む桜並木が満開になる時、一番華やかな季節が訪れます。

公園内の大宰府展示館では、歴史を紹介する資料とともに、出土した政庁遺跡の溝を、そのまま公開しています。

3月下旬，満開の桜並木と枝垂（しだ）れ桜。春風に誘われ，たくさんの人で賑わいます。6月には紫陽花（あじさい）が咲き，初冬には櫨（はぜ）が赤く色づきます。

4月の国分寺は，白木蓮，枝垂（しだ）れ桜と種類も豊富です。
水城跡に沿うように咲く秋桜（コスモス）が，秋の風物詩になりました。

国分寺《こくぶんじ》と水城跡《みずきあと》

奈良時代、聖武天皇が東大寺を頂点に、国分寺や国分尼寺を全国に造らせました。当時の講堂跡や金堂跡の礎石が保存されるすぐ隣に、現在の国分寺があります。境内は手入れが行き届き、季節の可憐な花たちに、お寺の暖かい真心を感じます。

水城跡は大宰府政庁を外敵から守る堤防跡で、現在の太宰府市と大野城市との境界を結ぶように、一直線に小高い丘として残っています。

武蔵寺《ぶぞうじ》

　二日市温泉を抜けて、九州自動車道の高架をくぐった先に、武蔵寺はあります。JR二日市駅から歩いて二十五分くらいの距離。太宰府天満宮に祀られる菅原道真公ゆかりの天拝山《てんぱいざん》登山口に当たります。椿花山《ちんかざん》武蔵寺と言い、奈良時代の創建で、九州最古の寺と言われています。また椿樹の一木彫りの薬師如来は心身の病気を治すとされています。

　奥まった本堂前にある「長者の藤」は樹齢千三百年以上とも伝えられる古木で、四月二十九日の「二日市温泉藤まつり」では、藤供養会やお茶会なども催され、多くの人たちが訪れます。

　周辺は天拝山歴史自然公園で、池と芝生広場につつじ、菖蒲、万葉植物園があります。

　武蔵寺の隣には、道真公が自身の像を刻んで納めたという、もみじに覆われた御自作天満宮もあります。

藤の紫の色はなんとも高貴で落ち着いた感じがします。香りが伝わってくるようです。林間のつつじの散策路も静かで落ち着きます。

筑紫野市武蔵621
☎092-922-2421（市観光協会）

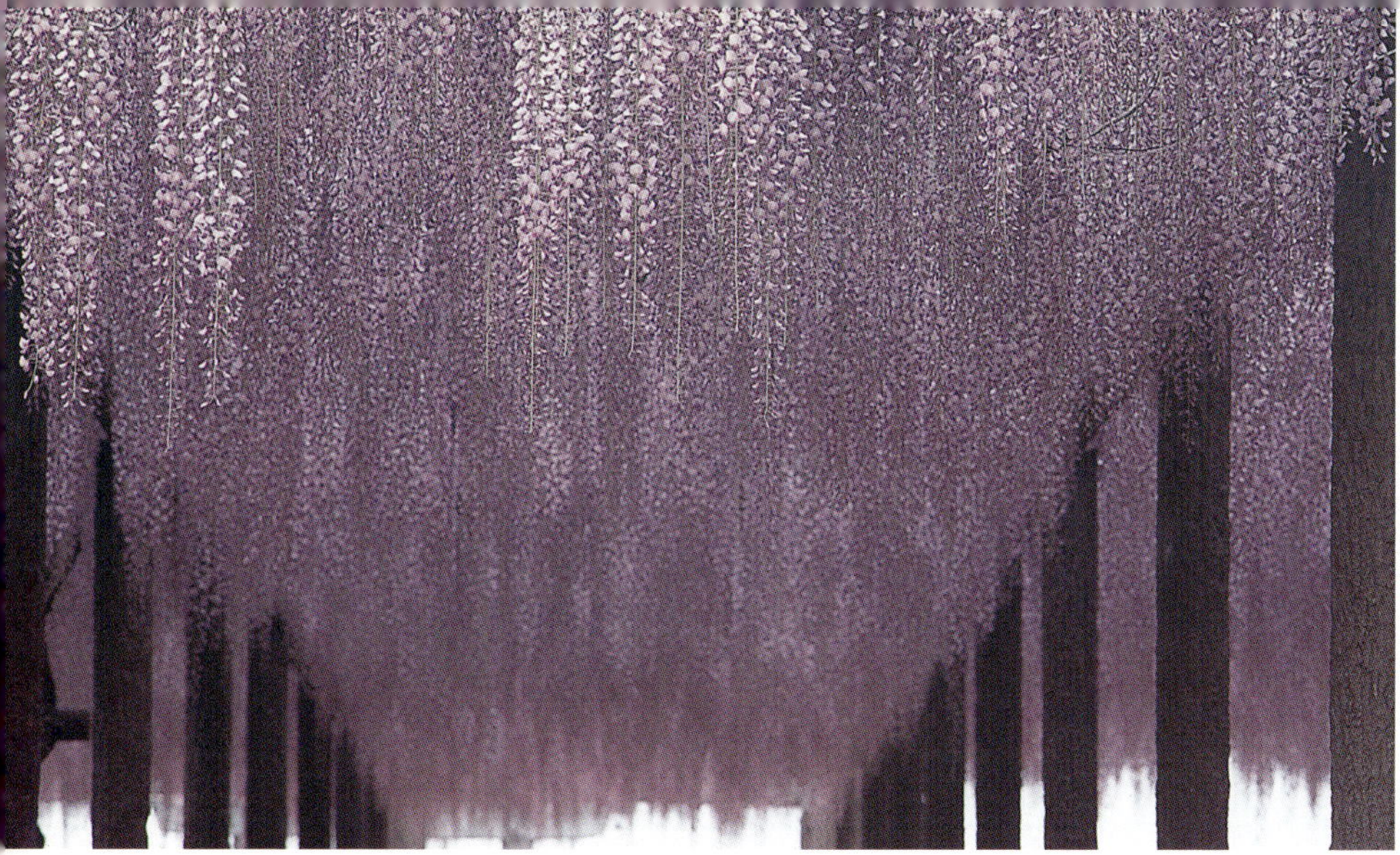

筑紫神社と上高場大神宮《ちくしじんじゃとかみたかばだいじんぐう》

椿の林に囲まれた小高い丘の上に筑紫神社はあります。鬱蒼とした樹木の中、春、寒緋桜《かんひざくら》が参道に鮮やかな色を添えます。

毎年三月十五日に行われる「粥《かゆ》卜《うら》祭り」は、その年の作柄を占う珍しい神事です。筑紫の国の起こりにも由来するという神社で、私の母校・筑紫丘高校の校章は、この神紋から図案化されました。近くには五郎山古墳もあります。

上高場大神宮境内の大藤も見事。樹齢百数十年ですが、開花すると紫の房が垂れ下がり、甘い香りがあたりを包みます。日頃は静かな境内がパッと華やぐのです。「三輪町藤の里公園」として整備されています。

3月中旬に筑紫神社の寒緋桜が咲き出せば，もうすぐ春本番です。上高場大神宮の藤は4月後半が最盛期。ほかに白藤もあります。

筑紫神社：筑紫野市原田2550，☎092-926-5443（宮）
上高場大神宮：朝倉郡三輪町上高場1793-1，☎0946-22-2770（町企画課）

不入道観音《ふにゅうどうかんのん》

筑紫耶馬渓、南畑ダムへ向かう道の途中に、不入道観音はあります。脊振山系の麓に当たり、清水が流れ出しており、喉を潤すことができる水場が入口にあります。奥には小さな滝があり、水行をする白装束姿の人を時々見かけます。

この清流に沿って東側斜面に石楠花《しゃくなげ》が植えられており、開花期には、それは見事なピンク色に染まります。特に渓流そばの石楠花の古木は立派です。西側一帯の山はつつじの森となっています。

ここにやって来る途中にある民家の軒先や庭でも石楠花が咲き誇っており、石楠花をこよなく愛する地域のようです。

渓流に覆いかぶさるような石楠花のピンクは，どうすればこれほどの色を出せるのかと不思議に思うくらいの鮮やかさです。４月中旬，是非お出掛けください。
５月に入ると，山全体がつつじの園になります。紫陽花（あじさい）が咲いて，水の音だけが響きます。

筑紫郡那珂川町不入道37
☎092-953-2211（町企画課）

舞鶴公園

まいづるこうえん

福岡城跡にある舞鶴公園は、桜の名所としてあまりにも有名ですが、その広大な敷地内には数々の花が咲き競っています。紅白の梅から桜、つつじ、芍薬《しやくやく》、牡丹《ぼたん》に花菖蒲、お堀には睡蓮に蓮の花と、息つく間もないくらいです。

特におすすめなのは、西の石垣沿いにある枝垂《しだ》れ桜の並木道。染井吉野が終わり、城内の賑わいも一段落した頃に満開を迎えますので、静かな散策路は隠《かく》れたスポットです。

毎年十一月に入ると、お堀に密生した蓮をきれいに刈り取る除草作業が行われています。こうすることで、お堀をきれいに保つとともに、翌年も見事に開花する蓮に出合うことができるのでしょう。陰の努力には、頭が下がります。

4月初めの早暁，お堀の桜を朝日が照らし出します。今日も花見の人たちで賑わうことでしょう。中旬には，ピンクの姿が妖艶な枝垂れ桜が石垣を覆います。しばらくすると，菖蒲の池でカルガモの母子が元気に遊ぶ姿が見られ，そして睡蓮や蓮がお堀をうずめる夏へと季節は巡ります。

舞鶴公園：福岡市中央区城内
☎092-781-2153（公園管理事務所）
西公園：福岡市中央区西公園
☎092-741-2004（県公園管理センター）

一足早い3月中旬の彼岸桜に続き，4月にかけて染井吉野が山全体に季節を告げます。

西公園《にしこうえん》

もう一つの福岡市の桜の名所が西公園。大鳥居のある石段脇で桜たちが出迎えてくれます。染井吉野のほか、里桜、山桜、彼岸桜などがピンクの微妙な色違いで目を楽しませてくれます。日本桜百選にも選ばれているのです。

公園を一周する道路の先端の展望台からは、博多湾の眺めが広がっています。

ここは、元は荒津山と呼ばれていました。桜の季節以外でも、緑濃い公園を散策する人たちの姿をよく見かけます。

入口近くの鳥居の向こうに、福岡藩主・黒田長政を祀った光《てる》雲《も》神社《じんじゃ》が、桜並木に囲まれて、ひっそりと建っています。

香椎宮

かしいぐう

千八百年前の創建と伝えられる香椎宮は歴史あるお宮で、「香椎造り」と呼ばれる本殿は国の重要文化財です。また、樟《くす》並木の続く参道の先に立派な楼門もあります。

楼門下の魚型の御池に二千株以上の花菖蒲が咲く六月は、新緑の若樟とのコントラストが映える季節です。

本殿奥にある亀乃池は散歩道となっており、つつじや紫陽花《あじさい》が群生しています。目立ちませんが、本殿脇のカリンの花も見逃せません。

『新古今和歌集』に「千早振る香椎の宮の綾《あや》杉は神のみそぎに立てるなりけり」と詠まれた神功皇后ゆかりの御神木「綾杉」や、「不老水」など見所も多いのです。

福岡市東区香椎 4 -16- 1
☎092-681-1001（宮）

花菖蒲と紫陽花の宮に，4月中旬，ピンクのカリンの花が遠慮がちに咲いています。

筥崎宮《はこざきぐう》

玉せせり、山笠のお汐井取り、放生会と賑わう筥崎宮は、延長元年の九二三年に創建された、宇佐と石清水に並ぶ日本三大八幡宮です。

参道を海側に下った左手の神苑花庭園では、一月には早くも寒牡丹《かんぼたん》が咲いています。雪の少なくなった昨今ですが、ワラ帽子をかぶった可憐な姿は冬の花の代表です。

庭園のそこかしこで、春から秋にかけて、牡丹、百合、萩と咲き続けます。桔梗がさりげなく咲いているのを発見すると、心も安らぎます。

また、本殿の奥、JR箱崎駅寄りには、あじさい苑があって、樟の大木の下、梅雨のひととき目を楽しませてくれます。

１月の寒牡丹に始まる花庭園は，春から初夏にかけて牡丹，百合と続きます。あじさい苑に色とりどりの紫陽花が群生する姿も見逃せません。都心近くなのに静かです。

福岡市東区箱崎１-22-１
☎092-641-7431(宮)

糸島郡志摩町桜井4227
☎092-327-0317(宮)

黄はハマボウ，オレンジはノウゼンカズラで，7月中旬の頃です。もちろん桜やつつじもあります。

桜井神社

さくらいじんじゃ

志摩半島の二見ヶ浦に程近い山あいに桜井神社はあります。一六三二年、筑前二代藩主・黒田忠之の創建で、県の重要文化財である本殿や楼門は、樟《くす》や杉の森林に囲まれて静かです。

江戸時代初期に架けられた石造りの神橋がある境内には、季節の花が静かに咲いていて、七月、ハマボウの花などを発見すると、海が近いことを知らされます。

有名な筑前二見ヶ浦の夫婦岩《めおといわ》は桜井神社にゆかりがあり、五月の大潮の日に行われる大注連縄掛祭《おおしめなわかけ》もここの神事です。

このほか、一月十日の厄除け祈願の祭り「もち押し」、十月には流鏑馬《やぶさめ》などを見ることができます。

花があふれているわけではありませんが、気になる所の一つです。

白糸の滝《しらいとのたき》

まさに白糸のように流れ落ちる滝のそばに、紫陽花《あじさい》の花が咲いています。また渓流沿いの斜面にも若い紫陽花が植えられており、これらが成長するに従い、さらに見事な紫陽花のスポットになることでしょう。

清涼感たっぷりの滝は、夏も涼しく、そばの樹齢三百年以上と言われる「万龍楓《ばんりゅうかえで》」の大木が紅葉する秋まで、多くの人たちで賑わいます。隣には小蔵《おぐら》寺もあります。

白糸の滝へは前原市の中心から佐賀方面の長野峠へと向かいますが、狭かった道も整備が進み、車で楽に行くことができます。途中、民家のお庭全体が見事な紫陽花の園になっていて、素晴らしい光景にも出合えます。

滝のある風景はいいものです。季節に関係なく落ち着きます。上の写真は道中で見かけたアブラギリの花。4月下旬ですが，花びらではなく花ごと，次々と音を立てるように落花するのには驚きました。

千如寺

せんにょじ

千如寺は、前庭を覆うように枝を広げる楓《かえで》の紅葉が有名です。樹齢四百年と言われる県の天然記念物で、この楓の新緑の頃も、瑞々しさとすがすがしさに、心地良さを感じます。また、枝垂《しだ》れ桜の頃も境内が美しく色づきます。

国の重要文化財である木造十一面千手千眼観音像は、像高四メートル六三センチもあり、その大きさと荘厳さに圧倒されます。室町時代に作庭された心字庭園のビャクシンの木の向こうに、春、石楠花《しゃくなげ》が咲いていたりします。

グングンと登って来る坂道は、途中にレンゲ畑があったり、道端に水仙や紫陽花《あじさい》が咲いていていて、気持ち良い山の辺の道です。

千如寺から山道をさらに一キロほど登ると雷神社があり、樹高三〇メートル以上の「観音杉」のかたわらで、健気に山桜が咲き誇っていました。

11月，冷え込んでくると，楓が日ごとに赤味を増し，庭を染めていきます。春4月の枝垂れ桜も趣があります。雷神社の山桜は「観音杉」と強いコントラストを放ちます。

白糸の滝：前原市白糸
☎092-322-2098
（市観光協会）
千如寺：前原市雷山626
☎092-323-3547（寺）

宮地嶽神社

みやじだけじんじゃ

商売繁盛の神様で知られる宮地嶽神社は、四季を通して花のあふれるお宮でもあります。

本殿を正面に、三月初めの寒緋桜《かんひざくら》が満開になれば、本格的な花の季節です。奥の方に、「合掌造り民家」、「二棟造り民家」などを移築した民家村自然広苑があり、春秋の遠足シーズンには子供たちの歓声が響き渡ります。この民家村の前に広がる江戸菖蒲園をはじめ、桜に牡丹《ぼたん》、桃、つつじ、紫陽花《あじさい》、芙蓉《ふよう》、萩と、枚挙にいとまがありません。

横穴式石室を持つ巨石古墳の不動神社など、奥の宮八社に、山頂へ続くつつじ苑と奥行きがあります。

ぷらっと散策におすすめの神社の一つです。

３月初めに本殿前の一角を占領する寒緋桜は見応えがあり，春の到来を告げます。民家村周辺では，水仙，寒椿，花桃に牡丹，芙蓉，つつじから江戸菖蒲，萩と咲き続けます。

宗像郡津屋崎町宮司1304
☎0940-52-0016(宮)

鎮国寺《ちんこくじ》

鎮国寺も四季を通じて花のあるお寺です。

弘法大師が中国より帰朝した八〇六年に創建されたという歴史ある寺で、すぐ近くの宗像大社の神宮寺として栄えました。小高い丘の上に建つ寺からは、宗像大社が眼下に見下ろせます。

一月下旬、淡紅梅の開花で、早くも境内の花のシーズンの幕開けです。四月、「桜美苑」と命名された各種桜たちの競演も見事です。本堂に隠れて見落としがちですが、お地蔵さんの上を包むように咲く海棠《かいどう》の花も発見できました。

また彼岸の頃、彼岸花が赤く境内を染め上げます。黄に白の彼岸花もありました。水仙、つつじ、芙蓉《ふよう》、紅葉、そして名も知らぬ山野草たち。花好きのご住職の気持ちが伝わってきます。あなたはどの季節に訪れますか。

右頁，1月下旬の淡紅梅。ピンク味を帯びた美しい姿には見惚れてしまいます。
左頁上は里桜の各種。左上から時計回りに，「紅南殿」，「関山」，「松月」，「八重桜」，「右近」。
下は海棠。4月中旬には咲き揃います。

右上から時計回りに，5月の石楠花とつつじ，8月の百合，9月の赤や黄の彼岸花。8月には芙蓉も咲いています。

鎮国寺：宗像市吉田966，☎0940-62-0111（寺）
宗像大社：宗像市田島2331，☎0940-62-1311（宮）
浄光寺：宗像市江口1330，☎0940-62-3708（寺）

宗像大社《むなかたたいしゃ》

航海安全、交通安全の道の神社で、沖ノ島の沖津宮《おきつみや》、筑前大島の中津宮《なかつみや》に対して、ここは辺津宮《へつみや》に当たります。十月一日に行われる「みあれ祭」の、大漁旗をなびかせた漁船の海上パレードは勇壮です。

鬱蒼とした森の中の辺津宮の花は、桜や藤などです。十六世紀に再建されたという本殿や拝殿には風格があります。本殿右手の樹齢五百年という神木の楢《なら》の樹は、長い年月を経たことを感じさせる姿です。

神宝館では「海の正倉院」と言われる沖ノ島からの出土品など、数々の所蔵品が公開されており、見逃せません。

4月，右近桜が青空に映え，参道の染井吉野は，石橋に溶け込んでいます。神木の楢の樹は時の流れを物語ります。

浄光寺《じょうこうじ》

珍しいピンクの藤があります。寺の境内全部を藤棚が占領しているのです。日頃から手入れが行き届いているのでしょう。四月中旬に藤が満開となると、たくさんの人たちの笑顔が境内にあふれます。

さつき松原に近い住宅街の一角にありますので、藤の季節以外だと気づかないで通り過ぎてしまいそうですが、それだけに、この季節は是非訪ねてみたいものです。

樹齢百数十年以上の大藤が三本、東西二二メートル、南北二〇メートルに広がります。宗像市の天然記念物です。

ピンク色もつややかに藤が境内を覆い尽くします。訪れた人たちは，ゆっくりと流れる時間を楽しんでいるようです。

宗生寺《そうしょうじ》

旧赤間街道の脇、大穂本村の観音道を一キロほど入ると、山里の一角に宗生寺はあります。

桃山時代の筑前国領主・小早川隆景の居城だった名島城の搦手門《からめてもん》を移築したと伝えられる山門があり、それをくぐった境内正面に、静かに藤が咲いています。

小早川隆景の墓所がある後方の山から、二百年前に造られたという寺の庭園のつつじを見下ろせます。

派手さはありませんが、小川の流れる周囲の集落の様子といい、猫がお昼寝しているような隠れたスポットです。

桜に藪椿《やぶつばき》、山茶花《さざんか》なども見ることができます。

山門の向こうに藤の紫が匂い立ちます。花勢や良しです。つつじの季節にも訪れてみたいですね。

宗像市大穂937
☎0940-36-2514（寺）

吉祥寺《きっしょうじ》

安産祈願で知られる吉祥寺の石段を登って行くと、山門と本堂が藤棚の海の上に浮かんでいます。保存樹に指定されている樹齢百五十年の紫野田藤をはじめ、紅藤、白藤、ふち紅藤の十本が境内を覆い尽くしています。夜間ライトアップもされ、大勢の人で賑わい、四月二十七日から二十九日にかけての「藤まつり」で、そのピークを迎えます。房が一メートル以上にも伸び、甘い香りに包まれ、それは壮観です。

精白の花の色の「青蓮華《しょうれんげ》」という珍しい蓮の花が咲く夏の頃も見逃せません。

また、隣接して吉祥寺公園が整備されており、東側地区にも大藤棚があります。帆柱山系を眺望する三重の塔を模した三階建ての展望台へと、さらに足を延ばしてみてはいかがでしょう。

北九州市八幡西区吉祥寺町13-11
☎093-617-0237(寺)

北九州随一の藤寺でしょう。近くのお寺にも藤棚があったり，藤の多い一帯です。

小倉城《こくらじょう》

豊前三十二万石の細川忠興の居城だった小倉城は、一九五九年に天守閣が再建されました。四階と五階の間の屋根にひさしがないのが特徴の唐造《からづく》りで、美しい姿です。

城内は勝山公園として整備されており、桜の名所でもあります。切り石を使わない野面《のづら》積みで、素朴で豪快な城の石垣の向こうに、桜が絢爛に咲き誇り、北九州市民の憩いの公園として、夜遅くまで賑わっています。

春うらら，桜の美しさは，どこでも，いつまでも変わりません。美の実感です。

北九州市小倉北区城内
☎093-561-1210
（小倉観光株式会社）

関門大橋の開通で風景は変わっても，4月の桜の美しさは変わりません。和布刈神社そばには，辛夷（こぶし）の花が咲き残っていました。

北九州市門司区門司
☎093-582-2466
（市建設局公園緑地部）

和布刈公園《めかりこうえん》

門司港レトロ地区からさらに先端へ進んだ所、関門大橋の橋脚の下に隠れるようにあるのが、旧暦元旦早暁にワカメを刈り取って神前に供える神事で有名な和布刈神社です。

そしてこの右手山側一帯が、関門海峡を見下ろす小高い丘の和布刈公園。そこかしこに桜が植えられており、海と空の青に桜花が映えて、素晴らしい眺望です。

本州と九州を結ぶ関門大橋もポイントになっていて、高速道の和布刈パーキングエリアからも、門司港や下関の景色が楽しめます。春には最高の休憩場所となるのです。

静かです。8月，三重の塔が見下ろす池には睡蓮が，そして芙蓉も元気でした。夏の暑さにも負けません。

京都郡豊津町国分280
☎0930-33-5654（寺案内所）

豊前国分寺《ぶぜんこくぶんじ》

高さ二三・五メートル、朱塗りの美しい三重塔がそびえる豊前国分寺にも、静かな時が流れていました。

豊津町の中心から少し東に向かった所にあり、聖武天皇の奈良時代に全国に造られた国分寺の一つです。塔は本来、七重塔でしたが、一八九五年に三重塔として再建されたものです。

池の睡蓮も可憐です。木陰にはひっそりと萩や芙蓉《ふよう》が咲いています。九月には白い彼岸花が片隅で顔を出していました。毎年二月に行われる国分寺まつりの時以外は静かです。

往時の勢いを示す国分寺案内所には、国分寺から出土した瓦などの遺物が展示されており、自由に見学することができます。

白い彼岸花が咲き乱れています。清楚です。お寺への道では紫陽花も大輪のガクを広げます。梅雨もまた良しです。

正光寺

しょうこうじ

城井川の清流に沿って上った所に「智恵の文殊様」で知られる正光寺があります。寺の周囲が白い彼岸花で埋め尽くされるお彼岸の頃は圧巻です。「智恵の水」で喉をうるおしお参りすれば、日本の秋が感じられます。九月二十一・二十二日には「白い彼岸花まつり」が行われ、賑わいます。

　また二月二十五・二十六日の「智恵の文殊大祭」では、この地を四百年にわたって治めていた豪族・宇都宮氏を偲んで武者行列も行われます。地元の子供たちが鎧兜姿の武者や市女笠《いちめがさ》の女官に扮し、可愛らしいと評判です。

本庄神社の大樟の先には赤い彼岸花の天徳寺です。つつじは見逃しましたが，その頃も絶対に良いはずです。

正光寺：築上郡築城町伝法寺
天徳寺：築上郡築城町本庄
☎0930-52-0001（町産業振興課）

天徳寺

てんとくじ

さらに城井川を遡り、日本三大樟《おおくす》に数えられる樹齢千九百年、樹高三二メートルの本庄の大樟を過ぎれば、里山の中に天徳寺があります。豊臣秀吉に滅ぼされるまでこの地に栄えていた宇都宮氏の菩提寺で、苔むした五輪塔が五十基ほどあります。

寺門への石段の両脇には千五百本のつつじがあり、五月下旬には、それは華やかです。また秋には、正光寺と同様に彼岸花が咲き誇ります。こちらは赤い花が目立ちます。田んぼの畦道にもたくさんの彼岸花がありました。

正光寺はここの末寺です。

篠栗《ささぐり》・新吉野公園《しんよしのこうえん》

篠栗八十八か所巡りのお遍路道、新吉野公園では桜が咲き競います。篠栗四国霊場の総本寺、第一番札所の南蔵院で巨大な涅槃像に圧倒され、七曲がりの八木山峠方面に向かいます。三十四番札所の宝山寺付近の桜並木が見事です。遍路道を歩くと、山影にひっそりと咲く珍しい緑の桜・右近を発見できたりします。

桜のシーズンには道路が渋滞しますので、篠栗線のＪＲ城戸南蔵院前を利用した方がよいかもしれません。ここも桜の美しい駅です。

新吉野公園の桜たちに誘われてお遍路道の坂を登って行くと，眼下に，桜に包まれた宝山寺が見えます。

糟屋郡篠栗町篠栗
☎092-947-1111（町産業観光課）

1月，枝垂れ白梅が境内を彩ります。樟の大きさは必見で，すべてが樟で覆われているといっても過言ではありません。

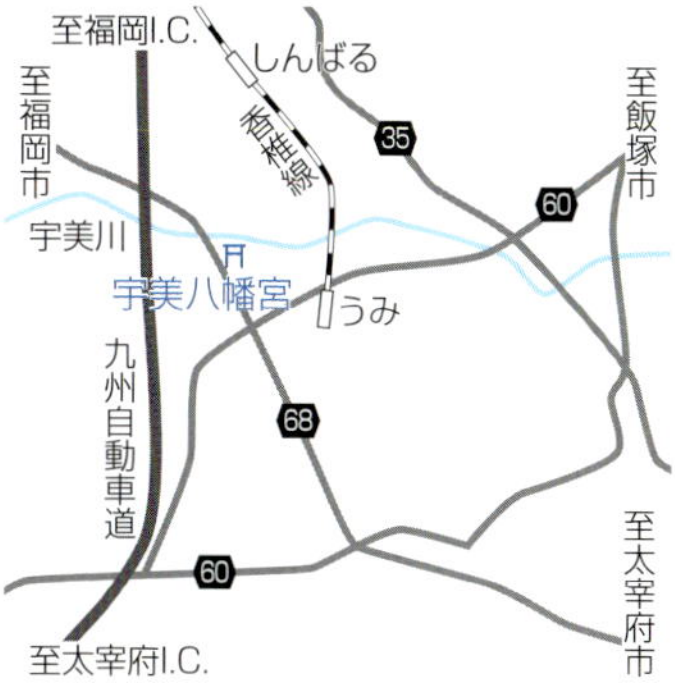

糟屋郡宇美町宇美１-１-１
☎092-932-0044(宮)

宇美八幡宮《うみはちまんぐう》

若樟《わかくす》に新緑が萌える頃は気持ちもすがすがしくなります。安産の神様で知られる宇美八幡宮には、たくさんの樟の大木があり、境内を静かに包み込んでいます。中でも、一本の樟なのに「衣掛《きぬがけ》の森」、「湯蓋《ゆふた》の森」と称せられる、国の天然記念物で樹齢二千年の樟には圧倒され、力強い生命力を感じます。花は多くはありませんが、季節になると枝垂《しだ》れ白梅や桜が境内を彩ります。

お宮の後方、宇美川奥の小高い丘は胞衣《えな》ヶ浦と呼ばれ、宇美公園として整備されており、つつじや藤があります。

秋月城跡《あきづきじょうあと》

筑前の小京都・秋月も、一年を通して花が絶えません。

まず春四月、秋月藩士たちが馬術の稽古をしたという「杉の馬場」の桜並木が満開になり、菜の花もあちこちで咲き乱れています。

次は新緑の季節に移ります。小石原川の支流・野鳥川《のとりがわ》の岸辺や目鏡橋付近では、紫陽花《あじさい》やカンナの花が目を楽しませてくれます。

そして秋。秋桜《コスモス》の花の勢いが次第になくなってくると、城跡に残る長屋門や黒門がもみじの紅葉に染まります。

静かな風情の残る秋月は、気軽にふと出掛けたくなる心安まる花の街です。

杉の馬場の桜並木，黒門の新緑が鮮やかです。紫陽花，カンナ，鬼百合，秋桜と季節が流れ，黒門が紅葉に包まれる頃，吊るし柿の風景に秋の深まりを感じます。

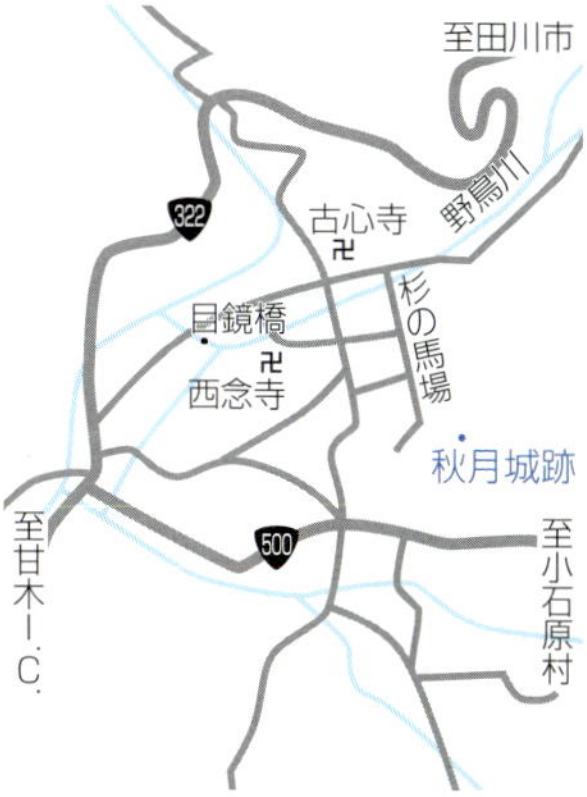

甘木市野鳥
☎0946-24-6758（市観光協会）

夕月のさくら並木《ゆうづきのさくらなみき》

春、大分自動車道を鳥栖から湯布院方面へ走っていると、杷木インター直前の左手、果樹園の広がる小高い丘のてっぺんに立派な桜並木が見えます。周りにまだ緑のない時期ですから、よく目立ちます。

近づくと、数こそ多くありませんが、丘の尾根に沿ってゆるいカーブを描き、奥の夕月大明神へと続いています。快晴の青空とのコントラストが見事です。こんな所を発見すると、ちょっと得した気分です。

道の駅「原鶴」前のポピーとひまわり園も有名で、国道沿いで、よく目立ちます。

美しさに見とれるあまり，脇見運転にならないように。ひまわり園は9月に入って満開です。

朝倉郡杷木町古賀1405
☎0946-62-1110（町企画観光課）

三連水車《さんれんすいしゃ》

今も現役で田に水を送り続ける朝倉の三連水車。すぐそばでは、カンナの真っ赤な花が、真夏の太陽の光を浴びて輝いています。筑後川の水の恵みで潤う土地は、豊かな水田地帯。まさしく八月の風景です。

近くには二連水車も活躍中で、朝顔やひまわり畑を見つけたりします。近くに観音様もありました。

春に筑後川の土手を黄色い絨毯《じゅうたん》で埋め尽くす菜の花とともに、夏にかけての風物詩です。

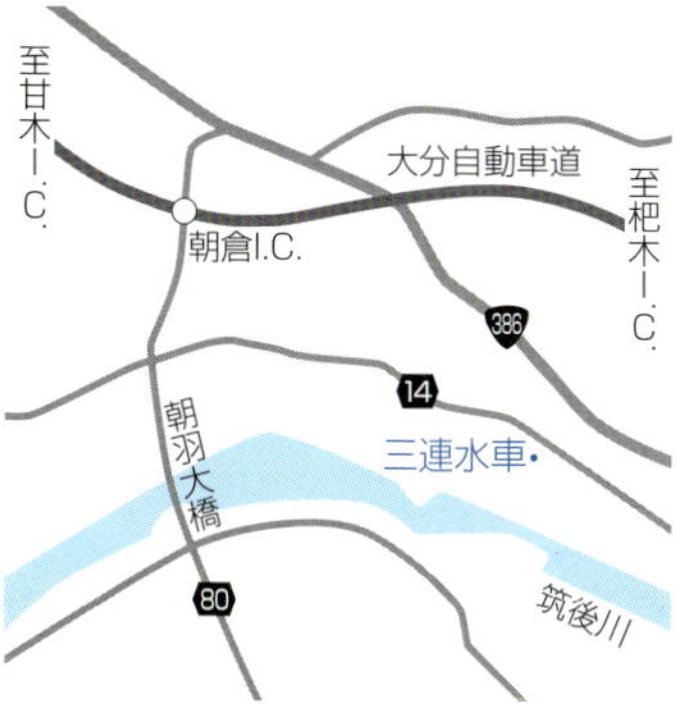

朝倉郡朝倉町菱野
☎0946-52-1111（町観光協会）

夏一番，背の低いひまわりが二連水車を，カンナが三連水車を応援します。

観音寺《かんのんじ》

久留米から日田へと続く旧街道に沿って、たくさんのお寺があります。その中の一つ、観音寺には、一〇メートルはあろうかという、大きくて立派な春山茶花《はるさざんか》が、本堂の前にドーンとそびえ立っています。花期は長く、十二月から咲き始め、三月まで次々と咲き続けます。散った花弁で根元が赤い絨毯《じゅうたん》になる頃も風情があります。樹齢三百五十年の山茶花と藪椿《やぶつばき》の雑種だそうです。

かっぱ伝説の田主丸、吉井の街並に日岡古墳と、ハシゴしてみませんか。

浮羽郡田主丸町石垣275
☎09437- 2 -3490(寺)

冬の間中，春山茶花が咲いています。3月には赤い絨毯に。
田主丸の橋の欄干ではカッパ君が相撲をとっています。
日岡古墳では紫陽花に目がひきつけられます。

うきは桜並木《うきはさくらなみき》と大生寺《とだいしょうじ》

筑後川支流の巨瀬川《こせがわ》沿いにある浮羽町の桜並木は、隠れた桜スポットです。まだ樹が若いので背が低く、頭に当たりそうなほどで、桜のトンネルが二キロ近く続きます。あまり知られていないと見えて、桜を一人占めです。

果樹園のピンクの桃の花に囲まれて、この桜並木を見下ろすようにあるのが大生寺。こちらは風格のある桜の古木が山を染め、梅雨には紫陽花《あじさい》が静けさを演出しているのでした。

4月，満開の桜並木は静かです。桃の花の向こうに桜並木が霞んでいます。6月，大生寺では，紫陽花が鐘楼を見上げていました。

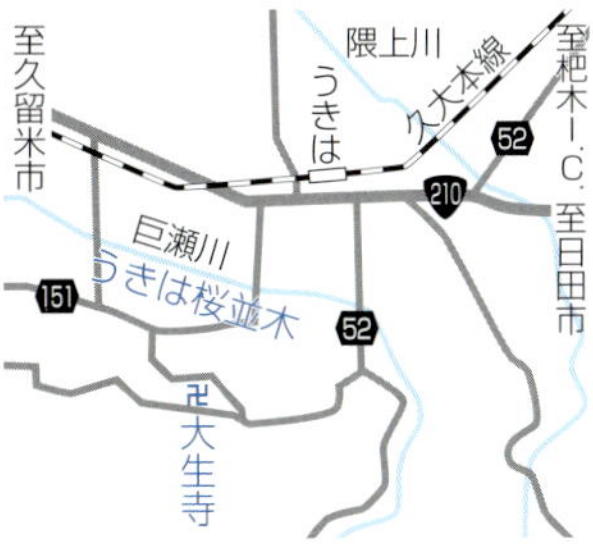

桜並木：浮羽郡浮羽町（巨瀬川沿い）
大生寺：浮羽郡浮羽町流川478
☎09437-7-5611（町観光協会）

高良大社

こうらたいしゃ

筑後一の宮である高良大社は、厄除け、延命長寿を願う六月一・二日の川《かわ》渡祭《わたりさい》（へこかきまつり）や、交通安全の守り神として知られています。

筑後平野を見下ろす高良山にあり、耳納連山の入口です。久留米つつじの原木となった霧島つつじの樹齢三百年以上の古木群生地が、本殿のそばにあります。参道に沿って、つつじの森を散歩できます。

また社地内にある国指定天然記念物の孟宗金明竹《もうそうきんめいちく》は、竹の節間に緑と淡い黄色が交互に現れる珍しい竹です。久留米森林つつじ公園も近くです。

孟宗金明竹はとても不思議な彩りです。高良大社の真っ赤なつつじの原木と藤は4月中旬に咲き揃います。

久留米市御井町1
☎0942-43-4893(宮)

2月下旬，青空に満開の梅が映えます。浮彫りの唐門には，どんな物語が秘められているのでしょう。
水天宮の椿は，冬の間，咲き続けます。

梅林寺と水天宮《ばいりんじとすいてんぐう》

JR久留米駅そば、筑後川に面して梅林寺と水天宮はお隣り同士です。

梅林寺は久留米藩主・有馬氏の菩提寺で、九州の代表的な禅道場があることで知られており、本堂前の唐門の浮彫りは見事です。外苑には「錦梅」など約三十種五百本が咲く梅苑があり、自由に散策できます。

全国水天宮の総本宮である水天宮は、水にゆかりの社として河童伝説を伝え、水難除けのほか、安産の神様、子供の守護神として知られています。お宮の社紋にもなっている椿が五百本、本殿を取り囲んでいます。

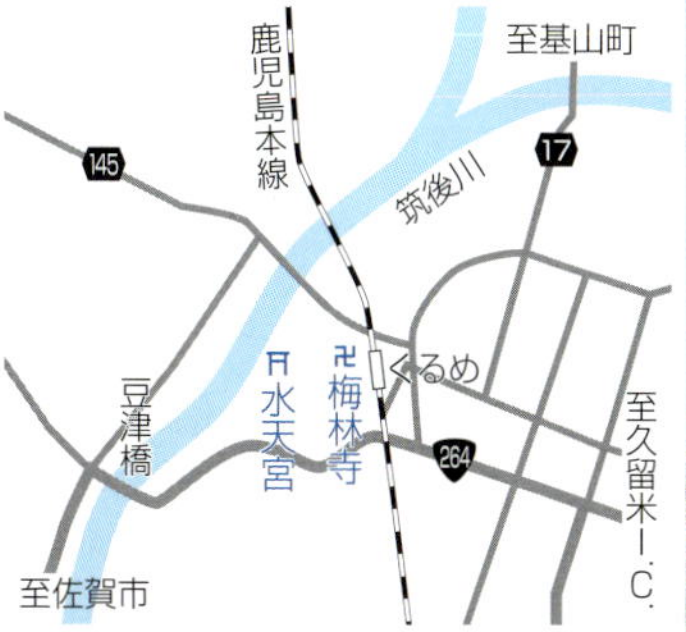

梅林寺：久留米市京町209
☎0942-32-2565（寺）
水天宮：久留米市瀬下町265
☎0942-32-3207（宮）

英彦山大権現《ひこさんだいごんげん》

英彦山は出羽羽黒山、熊野大権現と並び、日本三大修験場の一つでした。英彦山大権現は明治の廃仏毀釈で途絶えていた阿弥陀如来をお祀りするため、一九七九年に玉屋窟の坊跡・滝の坊に再建されたものです。英彦山温泉しゃくなげ荘への道を入った所にあります。

ここには英彦山に発する静かなせせらぎが流れています。こんこんと流れ出る清流の脇に、清楚な姿の真っ白いシャガが群生しています。広い敷地のあちこちに、石楠花《しゃくなげ》も咲いています。また秋には、紅葉に染まった広い空間が、そこにはありました。

田川郡添田町英彦山
☎0947-44-1111(管理事務所)

シャガはゴールデンウィークの頃が見頃です。石楠花はこれより少し早く咲きます。もみじの花も見つけました。11月下旬からもみじが色づきます。

素盞鳴神社《すさのおじんじゃ》

神社の名を書くより「黒木の大藤」と言った方がわかりやすいでしょう。毎年四月中・下旬から「大藤祭り」が行われていますが、気の早い人は四月の声を聞くと訪れるほどです。

大藤は横の国道をまたぎ越し、その先の矢部川にまではみ出します。十七本の藤が境内を占領しているため、まるで藤棚の中に神社があるようにも思えてしまいます。房の長さが一メートル以上になるのも特徴で、小さな子供でも頭に着きそうになり、花を傷めないよう歩くのに苦労します。

美しい藤の姿に魅せられて，子供からお年寄りまで，たくさんの人たちが繰り出します。けれど，子供たちは花より団子？　おいしいよね！

八女郡黒木町黒木５－２
☎0943-42-1113(町企画振興課)

普光寺《ふこうじ》と定林寺《じょうりんじ》

福岡県最南端・大牟田は、二か所を紹介します。

まず臥龍梅《がりゅうばい》の普光寺。市街地から東の山手へ。かなり急坂の参道を登って行けば、幅二二メートル、庭全体に広がった臥龍梅が目に飛び込んできます。樹齢四百年で、一本の梅の木が子株を持ち、横に広がっていったのだそうです。満開になれば、美しいの一語しかありません。

近くの定林寺は紫陽花《あじさい》寺。こちらは入口が林にさえぎられ、ちょっと迷いそうになりますが、山全体に紫陽花が植えられ、一周できる散歩道があります。

まさに臥龍梅。樹勢よく天を目指します。2月下旬から見頃です。
紫陽花は定林寺。6月は紫色に染まります。

普光寺：大牟田市今山2538
定林寺：大牟田市今山1878
☎0944-41-2750（市商業観光課）

宝珠禅寺・姫枝垂れ桜

佐賀県

江里山・彼岸花

大興善寺《だいこうぜんじ》

「つつじ寺」として有名な大興善寺です。山門へ通じる石段のつつじに出迎えられ、本堂の奥山に入れば、そこはつつじ一色。山全体がつつじで覆われているのです。一目一万本というポイントもあります。全体で七万五〇〇〇平方メートル、約五万本！　言葉をなくします。

ご住職のもう一つのおすすめは秋の紅葉。もみじが真っ赤に、大いちょうが黄色に染まる頃に訪れれば、優美な趣。このお寺のもう一つの顔を見ることができます。

石段を登り境内へ。４月中旬から５月にかけて目に入るものは，麓から頂上までつつじです。11月下旬になれば，紅葉の季節。山門や本堂が赤く包まれています。参道の民家の庭先には４月，ヤマトバラが咲き誇っていました。

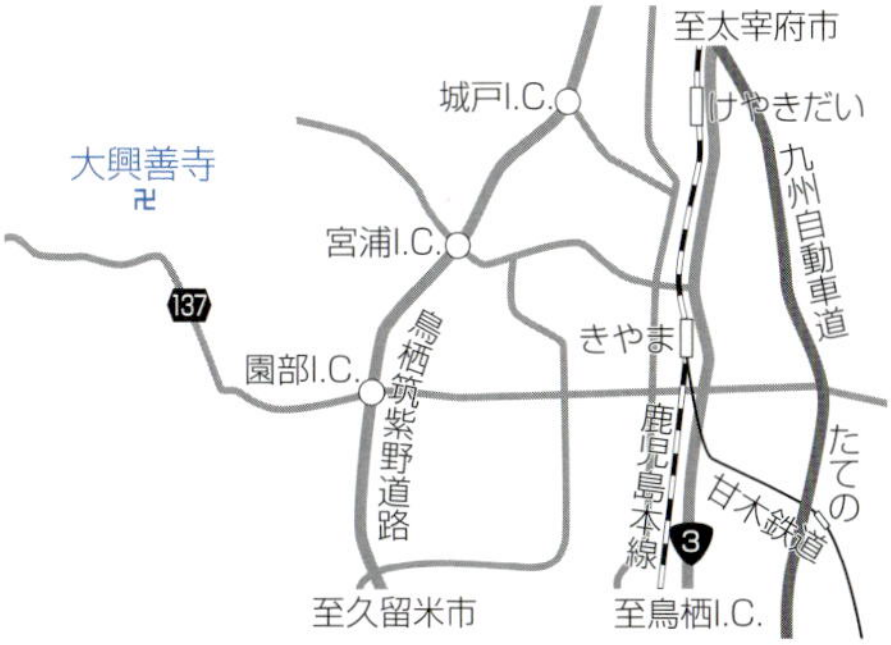

三養基郡基山町園部3628，☎0942-92-2627（寺）

宝珠禅寺《ほうしゅぜんじ》

運良く快晴の空の下、満開の姫《ひめ》枝垂《しだ》れ桜に出合いました。春の暖かい陽射しに、桜花たちはキラキラと輝いて見えます。

写真を撮るのも忘れ、しばし呆然と見上げていると、ご住職に声をかけられ、カリンの実の酢漬けをごちそうになりました。ご住職も縁台を持ち出して一日、見惚れているのだそうです。紫陽花《あじさい》などもありますが、桜の時以外は静まり返っています。

ピンクの姫枝垂れ桜。絶景，絶景です。３月下旬には満開の刻（とき）を迎えます。

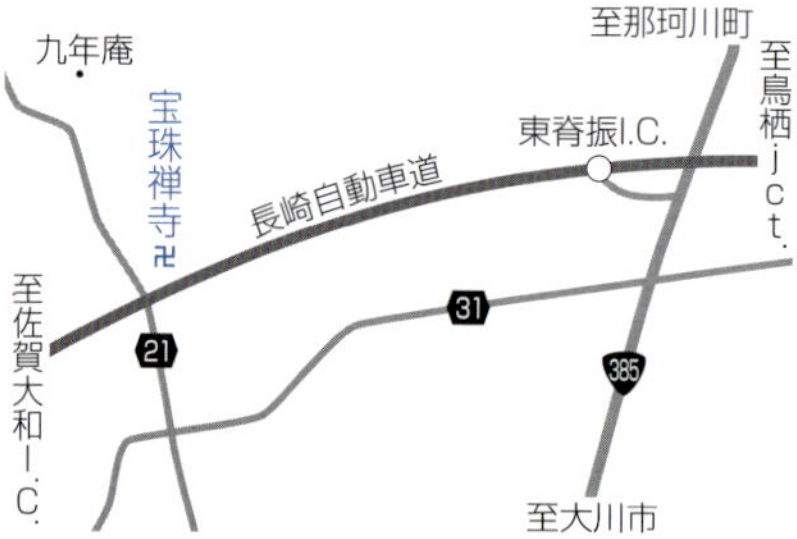

神埼郡神埼町的小渕908
☎0952-52-1111(町商工観光課)

浄徳寺

じょうとくじ

九十九折《つづらおり》の山道を登って行くと、脊振山麓に集落が開け、そこに浄徳寺はありました。

一万本の石楠花《しゃくなげ》が全山を彩ります。寺の入口にある樹齢四百年の一番の古木「弁財天《べんざいてん》の石楠花」は、ほかより開花が遅れます。ふるまいのお茶をいただくうち、ゆるやかに時間が流れます。

近くの脊振神社に立ち寄れば、ここでも石楠花が静寂に包まれて可憐に咲いていました。目の前の公園のつつじも壮観です。

弁財天の石楠花はほかより１か月ほど遅く，４月下旬に満開になります。その頃には，脊振神社前のつつじも満開です。

神埼郡脊振村服巻950
☎0952-59-2317(寺)

高伝寺《こうでんじ》

佐賀藩鍋島家の菩提寺、葉隠の里として四百五十年の歴史を持つ高伝寺は、佐賀中心部から南西へ少し下った所にあります。

重厚な山門をくぐると、本堂前庭の梅に出合います。この梅の木たちは背が低く、見下ろす梅もなかなか良いものです。

歴代藩主の墓所にも、樹齢四百年の「霊徳寿梅《れいとくじゅばい》」をはじめ、白梅、紅梅が咲き競い、まるで墓守のようです。墓所の東側には戦国時代までの領主・龍造寺家歴代の墓もあります。大隈重信が幼い頃に登って叱られたという「八太郎楨」もある古刹です。

佐賀市本庄町本庄1112-1
☎0952-23-6486(寺)

2月初めには，背の低い梅も健気にいっぱいの花をつけます。上が本堂前庭，下は墓所の回廊です。

大聖寺《だいしょうじ》

よくぞこんな所にお寺を造ったものだ、と感心するような山深い所です。北方町中心部からの南側の道は、車のハンドルを切り返しながら行くほど険しく、北側の女山峠からの道の方が行きやすいようです。

紫陽花《あじさい》はほとんどがガクアジサイで、満開の花の向こう、はるか眼下に佐賀平野が見渡せ、眺望抜群です。苦労して登って行く価値があります。

七〇八年に行基が開山した日本三大不動尊の一つで、このほか、樹齢五百年のイヌマキがあり、秋には、いちょう、もみじがきれいに色づきます。

ガクアジサイ越しに見える佐賀平野。標高の高さを実感します。6月中旬には咲き揃います。

杵島郡北方町大崎6694
☎0954-36-4767(寺)

牛尾神社《うしおじんじゃ》

小城町の南側、緩やかな丘陵地に広がる一万三千本の牛尾梅林は、佐賀平野から有明海まで見渡せる、眺望が良い所です。

この一角に建つ牛尾神社は、平安初期、七九六年の創建で、箱根、熊野、鞍馬と合わせて日本四別当坊の一つに数えられる由緒ある神社です。

源義経や弁慶が腰旗を奉納したという言い伝えもあり、その佇まいには風格を感じます。境内には「飛梅」もありました。

ずっと下界の人々の暮らしを見守ってきたのでしょう。

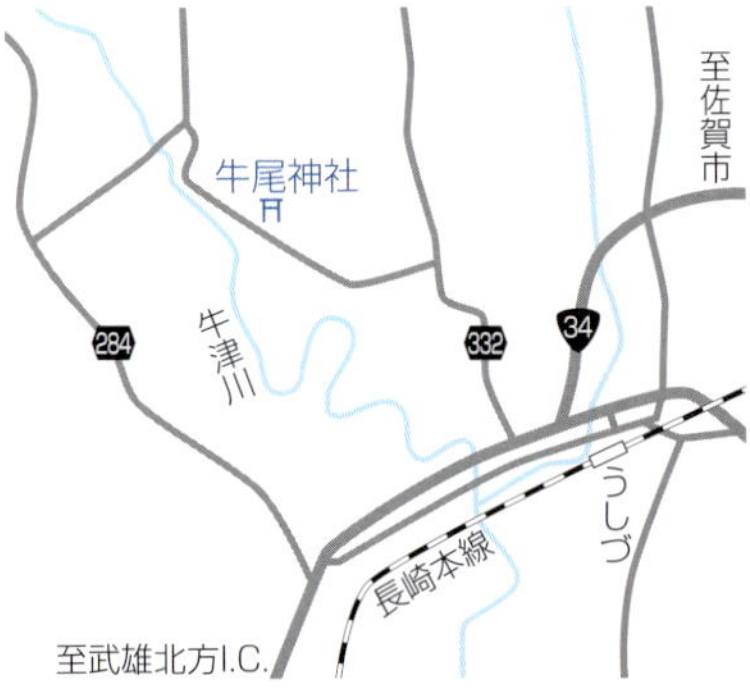

小城郡小城町池上
☎0952-73-4801(町商工観光課)

2月，牛尾神社が白梅に包まれます。菜の花も畦に咲き，春が近づきます。

多久聖廟《たくせいびょう》

儒教の祖である孔子を祀るため、一七〇八年、領主・多久氏によって創建されたのが多久聖廟で、今日残っている中では日本で最も古い孔子廟の一つです。

そしてここには、孔子が儒教の教えを説く時、杏《あんず》の木の下で行ったという話に基づき、たくさんの杏の木が植えられています。春・秋の祭典と、孔子を偲び穀物などを供える儀式「釈菜《せきさい》」の日以外は静かな時が流れています。

すぐ近くには、樹齢六百年のつつじがある専称寺《せんしょうじ》、桜の西渓公園《せいけいこうえん》もあります。

３月下旬，薄紅色の杏が咲きます。
専称寺のつつじは５月下旬の開花です。

多久市多久町東の原1642
☎0952-75-3595（多久聖廟案内所）

岸山法安寺：東松浦郡北波多村岸山447
☎0955-64-2133（寺）
見帰りの滝：東松浦郡相知町伊岐佐
☎0955-51-8312（町観光協会）

岸山法安寺と見帰りの滝《きしやまほうあんじとみかえりのたき》

このあたり一帯を治めていた波多氏を弔うのが岸山法安寺で、春には藤、石楠花《しゃくなげ》、そして紫陽《あじさ》花《い》と続き、中でもつつじの美しさには目を見張ります。岩壁に彫られた全長一〇メートルの釈迦涅槃像や阿弥陀仏など、四十体以上の石仏があり、これらをつつじが妖艶に取り囲んでいるのです。

ここから車でひとっ走りの、相知の見帰りの滝もおすすめです。九州一の落差を誇る一〇〇メートルの滝の周りを紫陽花が彩っています。滝のそばには小さな社もあります。

5月，つつじが石仏たちの周りを彩ります。
見帰りの滝の紫陽花は超人気スポットの一つ。
カタツムリのオブジェに微笑んでしまいます。

唐津城《からつじょう》

松浦川河口、唐津湾に突き出したような丘の上に建つ唐津城は、桜と藤の名所です。近くには、鏡山という桜の名所もありますが、唐津城は、ライトに浮かび上がるお城と、ボンボリの灯った夜桜の姿が格別です。かなり急な石段を登れば、紫、白の藤棚があり、天主閣とのコントラストも鮮やかに、甘い香りが漂います。

唐津と言えば、唐津っ子の血が騒ぐ「唐津くんち」の唐津神社があり、ここも静かで美しい境内です。

4月の唐津城は，上旬の桜に中旬の藤。海と青空とがよく似合います。

唐津市東城内8－1
☎0955-72-5697
（城管理事務所）

明星桜《みょうじょうざくら》

伊万里にも注目したい一本桜があります。市街地から松浦方面へ西に向かい、山あいに入った所にそれはあります。

夜、木の下で火を焚いて眺めると、花びらが火に映えて明星の趣があるということで、こう名づけられたという、伊万里一の老巨木です。十二世紀に植えられたと伝承されています。

明星桜は大山桜《おおやまざくら》系で、花は薄紅色をしています。開花期の山里は一刻賑わいます。大桜の下には小さな祠もありました。

伊万里市東山代町浦川内
☎0955-23-2111(市商工観光課)

3月下旬，静かな山里にピンクの一本桜。

広沢寺《こうたくじ》

名護屋城跡の一角に建つのが広沢寺。本丸、二の丸などに対して、この一帯を山里丸と言い、朝鮮出兵の折の太閤秀吉の居館跡に当たると言われています。寺の名は、名護屋家の姫で秀吉の側室だった「広沢局《ひろさわのつぼね》」に由来するそうです。

十六世紀の開山で、歴史を感じさせる苔《こけ》むした石段を登って行くと、真っ赤な花桐《はなぎり》が鮮やかな広沢寺です。

加藤清正の手植と言われる見事な大蘇鉄《おおそてつ》もあります。中庭は普段閉めてありますが、ご住職にお願いしたところ、快く招き入れていただきました。

大蘇鉄がドンと存在感を示し，花桐がお寺を赤く彩っています。7月に入って盛夏ももうすぐです。

東松浦郡鎮西町名護屋3673
☎0955-82-2113(町商工観光課)

祐徳稲荷神社《ゆうとくいなりじんじゃ》

野口雨情が「肥前名所は祐徳稲荷運と福との授け神」と詠んだ商売繁盛、五穀豊饒、衣食住の守護神を祀った祐徳稲荷。日本三大稲荷の一つに数えられており、「祐徳さん」と親しまれ、豪壮華麗な佇まいから「鎮西日光」とも呼ばれています。京から稼いで来た肥前鹿島藩主の妻により、十七世紀に創建されました。

神楽殿から石段を登って行けば、眺望の開けた本殿に至ります。京都清水寺の舞台に似たここから見る外苑・東山公園が見事です。五万本のつつじが山を覆い、桜もまた山を縁どっています。妖艶な藤とつつじが、互いに美を競い合っているようです。本殿横の桜にも風情があります。

花菖蒲、夾竹桃《きょうちくとう》、秋桜《コスモス》と、一年を通して花の多いお稲荷さんです。

「祐徳さん」と言えば，桜に続いて，藤とつつじの競演です。４月後半には色とりどりの色彩に包まれます。右頁は楼門前の枝垂れ桜，下は本殿脇の染井吉野です。

祐徳稲荷神社：鹿島市古枝，☎0954-62-2151（宮）
普明寺：鹿島市古枝甲2346，☎0954-63-2101（市商工観光課）
鹿島城跡：鹿島市高津原，☎0954-63-2101（市商工観光課）

普明寺《ふみょうじ》

鹿島鍋島家の菩提寺で、歴代藩主の眠る墓所が、奥の大きな森の中にあります。

この寺は宇治萬福寺を模して、入口の石門、竜眼の池から石橋を「竜の顔」、楼門から回廊、本堂を「竜の腹」、裏山の墓地に通じる道を「竜尾」という具合に、寺全体を竜に見立てた造りとなっていることが特徴です。

楼門前に咲き誇る桜が、人っ子ひとりいない静かな境内に、妖しげな光と影を投げかけていました。

4月の声を聞く頃，境内に桜が絢爛に咲いています。ゆっくりと風が吹き渡っていくだけです。

鹿島城跡《かしまじょうあと》

鹿島藩の城跡です。一八七四年の佐賀の乱で焼失してしまい、現在、鹿島高校の校門となっている赤門と大手門が残るのみですが、一帯は旭ヶ岡公園として整備されており、佐賀県の桜の名所の一つです。咲き誇る桜の景色にも、いにしえが偲ばれます。

有明海の泥んこ競技・ガタリンピックが有名ですが、武家屋敷通りなども残り、浜町の古い酒蔵通りとともに、歴史の息づく街です。

桜が満開になれば，チビッコも見惚れてしまいます。
鳥居も桜花に覆い尽くされました。

円応寺《えんのうじ》

武雄のシンボル・朱塗りの楼門や殿様の湯などがある公衆温泉場の北方に、円応寺があります。

江戸時代に建てられたという珍しい鳥居型の石門をくぐると、石畳の参道に緩い上り勾配の桜並木が続きます。

寺の入口には「西海禅林」の文字が見えるアーチ型石門が桜並木に埋まっています。扁額に記された文字は、武雄鍋島家の第二十八代藩主・茂義によるとのことです。そう、ここは武雄鍋島家の菩提寺です。境内に石楠花《しゃくなげ》も咲きます。

武雄にはこのほか、御船ヶ丘梅林や武雄神社の枝垂《しだ》れ桜などもあります。

武雄市武雄町富岡
☎0954-23-7766（市観光協会）

春本番を迎えた桜並木の参道。下左の鳥居型石門，右のアーチ型石門が特徴です。

陶山神社

とうざんじんじゃ

有田のたくさんの窯元を見下ろすように建っているのが陶山神社。陶磁器の店が並ぶ大通りから窯元の路地へ入り、階段を登り遮断機のないJR佐世保線の線路を渡った所にあります。十七世紀の創建で、有田の総鎮守様です。さらに本殿へと登る階段の周りから奥山一帯がつつじの森になっています。

唐草文様が染め付けられた本殿前の大鳥居に、狛犬、大灯籠と、すべてが陶磁器製。磁器のお守りや干支《えと》の絵馬が人気です。

さすがに有田の神様，ほとんどが陶磁器製です。
5月にはつつじがよく似合います。

西松浦郡有田町大樽2-5-1
☎0955-42-3310(宮)

高野寺

こうやじ

石楠花《しゃくなげ》寺・高野寺は、弘法大師によって開かれた、千年以上の歴史を持つ古刹です。春になると石楠花につつじ、藤が咲く花寺でもあります。

四月十日から五月三日までは「しゃくなげ祭り」。癪《しゃく》を投げる、ストレス解消の祭りという意味だそうです。祭りの中でも見逃せないのが、毎年四月二十日の万灯会《まんとうえ》。夕暮れの境内をろうそくの光が柔らかく包み込み、樹齢三百年の大石楠花もライトアップされます。この祭りの一番の見せ場です。

安産、子授けの寺として知られ、病気や不幸からの縁切り八体地蔵があります。

杵島郡北方町志久3245
☎0954-36-3616(寺)

4月20日，一日だけの万灯会。石楠花が暖かい光を受けて，さらに妖艶さを増します。寺全体が石楠花に包まれています。

興福寺・芙蓉

長崎県

宝亀教会・百合

寺と教会の見える風景

大航海時代の城下町、異国情緒あふれる平戸は、十七世紀前半、オランダ商館が長崎の出島に移されるまでの約三十年間、南蛮貿易で栄えた町です。また、キリシタン弾圧の歴史も併せ持っています。そして現代、歴史ある寺院や教会が仲良く同居しているのです。

港から坂道を登って行くと、光明寺《こうみょうじ》の山門と聖フランシスコ・ザビエル記念聖堂尖塔が重なる所に出ます。石畳の坂道を登りつめれば、紫陽花《あじさい》がお地蔵さんを取り囲む正宗寺《しょうじゅうじ》。二十八代藩主・松浦隆信の墓があります。

平戸つつじに包まれる崎方《さきがた》公園や、教会に咲く季節の花を愛でる旅もいいものです。

港ではアゴの干物が作られています。これらを失敬するのか，平戸の街ではたくさんの猫たちと出合います。花に包まれる教会と寺。教会のチューリップたちに，正宗寺の紫陽花。光明寺の鐘楼前には，つつじも咲いています。

平戸城と亀岡神社

ひらどじょうとかめおかじんじゃ

平戸松浦氏の居城だった平戸城は、平戸港の海のそばの高台に、平戸の市街地を見下ろすように建っています。この二の丸跡にあるのが西海鎮守の亀岡神社。毎年十月二十四－二十七日の例大祭「平戸くんち」が有名で、みこしに武者行列、竜踊りなどがあり、国指定重要無形文化財「平戸神楽」も奉納されます。

亀岡公園として整備されており、春には染井吉野に平戸つつじが咲き誇ります。また、樹齢四百年の槙並木も見応えがあります。

4月から5月にかけて，城とつつじのある風景。二の丸跡の槙も必見です。

ザビエル記念聖堂：平戸市鏡川町269
光明寺：平戸市鏡川町258
正宗寺：平戸市鏡川町307
平戸城・亀岡神社：平戸市岩の上町
☎0950-23-8600（市観光協会）

紐差教会

ひもさしきょうかい

平戸島にはたくさんの教会があります。平戸大橋を渡り、東海岸を辿って行くだけでも、各地で教会に出合います。

千里ヶ浜から、平戸つつじと海が美しい京崎公園を過ぎると、すぐに宝亀教会《ほうききょうかい》。細い山道を登ると、そこにオレンジの色も鮮やかな教会が現れます。高台にあるため入り江の島々がきれいに見渡せます。

そしてひと山越えれば、白亜の教会、ロマネスク様式の紐差教会《ひもさしきょうかい》が佇んでいます。

次は峠のてっぺん、山影に隠れるように木ヶ津教会《きがつきょうかい》があります。ちょうどミサの時にぶつかりましたが、快く撮影を許していただきました。

しっかりと各地区の生活に根づいている印象を受けたのでした。

紐差教会：平戸市紐差町1039
宝亀教会：平戸市宝亀町1170
木ヶ津教会：平戸市木ヶ津町577
☎0950-22-4111（市観光商工課）

上は桜の紐差教会，下の左は連翹（れんぎょう）の宝亀教会，右はケイトウの木ヶ津教会です。

田平教会《たびらきょうかい》

平戸瀬戸の海に向かって、美しいロマネスク様式のレンガ造りを見せるのが、田平教会です。丘陵地の丘から毎日、朝六時、正午、夕方六時と三回、アンジェラスの鐘の音が響き渡ります。

一九一八年に建設された堂々たる風格の建物で、中には立派なステンドグラスもあると聞きました。教会では、水仙やつつじ、藤がひっそりと咲いています。

また、ここに来る途中に見つけた紫陽花《あじさい》や睡蓮などにも感動したものです。

6月の睡蓮に2月の水仙。つつじや紫陽花の季節も美しいのです。

北松浦郡田平町小手田免19
☎0950-57-1111（町企画振興課）

長串山《なぐしやま》

絶景のつつじの名所、長串山です。眼下に北九十九島の海を見下ろす二〇ヘクタールの広大な敷地に、十万本の久留米つつじ、平戸つつじが所狭しと植えられており、その規模には目を見張ります。

快晴の抜けるような青空とつつじのコントラストに、目がチカチカしますが、最高の気分です。

つつじの海をゆっくり登って行くと、頂上には漁師町の氏神様・金比羅神社があります。

眺望抜群，大スペクタクルです。5月の海を見下ろして，つつじたちの大海原です。

北松浦郡鹿町町長串免

☎0956-77-4111（公園管理事務所）

大村城跡《おおむらじょうあと》

大村藩主の居城だった大村城（玖島《くしま》城）は現在、広大な大村公園となっており、市民憩いのオアシスです。

特に四月から六月にかけて咲く、染井吉野、藤、つつじ、花菖蒲に目を奪われます。この季節、城内は一気に華やぐのです。

四月中旬の大村桜は、八重桜を二つ重ねたような二段咲きで、本丸跡の大村神社社殿前の二本は、国の天然記念物に指定されています。

大村湾に面したお城跡を歩くと、西の海岸の船蔵跡など、かつて「海に浮かぶお城」であった痕跡を数多く発見できます。

大村桜から花菖蒲へと季節は流れます。大村地方独特の五色塀の向こうには，つつじも咲いていました。

大村市玖島１
☎0957-52-3605（市観光協会）

白いサルスベリは盛夏の花。白萩もひっそりと咲いています。紫陽花は長崎市花ですが，境内で珍しい柏葉紫陽花を見つけました。残念ながら終わりの頃です。

長崎市寺町 4 -32，☎095-822-1076（寺）

興福寺

こうふくじ

風頭山《かざかしら》の山麓、寺院が建ち並ぶ寺町通りに朱色の山門の興福寺があります。「あか寺」、「南京寺」とも呼ばれ、隠元《いんげん》さんゆかりの、わが国初の黄檗禅《おうばくぜん》宗の唐寺です。十七世紀初頭の鎖国時代に唯一開港していた長崎で、市民の六人に一人が中国人だった頃、南京出身の人たちによって造られたそうです。

国重要文化財の大雄宝殿の見事さに圧倒されるとともに、花の美しさが印象に残ります。つつじ、牡丹《ぼたん》、紫陽花《あじさい》、萩と続きますが、白のサルスベリの花も見逃せません。

斎藤茂吉が「長崎の昼しづかなる唐寺や思ひいづれば白きさるすべりの花」と歌ったように、夏の風物詩になっています。

中島川に架かる眼鏡橋は、この寺への参道として第二代住職が架設したものだそうです。

島原城

しまばらじょう

平成新山の雲仙普賢岳の噴火よりずっと昔、一七九二年の「島原大変」の時代から、水のあふれる町、湧水の城下町だった島原。武家屋敷跡の通りでは、道の中央の水路を湧水が流れる、風情ある町なのです。

島原城の復元された天守閣を借景に、お堀端で、梅に続き桜が開花すると、春本番を迎えます。そしてお堀では、花菖蒲、蓮の花と、季節の花が続きます。

山茶花《さざんか》が咲く頃に行われる冬のライトアップの電飾は、まるで空から舞い降りる滝のようで、天守閣を幻想的に浮かび上がらせます。

春，「さくら，さくら」と口ずさみたくなるほどの美しさ。夏は武家屋敷跡を下校中の子供たちが走りすぎ，冬には天守閣が夜空に輝きます。

島原市城内１

☎0957-62-4766（天守閣事務所）

原城跡《はらじょうあと》

一六三七年、島原と天草の農民三万七千人が、藩の重税とキリシタン弾圧にあえぎ蜂起します。この島原の乱の舞台となったのが原城です。

三方を海に面した高台にある本丸跡では、全滅した一揆軍を慰めるように、毎年、桜が満開になります。天草四郎時貞十六歳の像も、桜とともに微笑んでいます。海の向こうには天草の島影が見えます。四百年近く経た今は、のどかな風景です。

天草の島が春霞にかすんでいます。「桜まつり」に合わせ城が再現されますが，裏側は木組みの絵です。

南高来郡南有馬町大江
☎0957-85-3111
（町まちづくり対策課）

崎津天主堂・ハイビスカス

熊本県

明徳寺・マーガレット

阿蘇郡白水村中松西古閑原3240
☎0967-62-9111（村企画観光課）

一心行《いっしんぎょう》

熊本県は一心行の大桜からです。今や押しも押されもせぬ人気を獲得しています。

雄大な阿蘇山に見守られて、阿蘇カルデラの南側、南郷谷の何もない田園にポツンと一本だけそびえる孤高の大桜。満開になったその姿はほんとうに美しく、圧倒されます。一度見たら何回も見たくなり、私も何度訪れたことでしょう。

早朝からライトアップの灯が消える深夜まで訪れる人の波が絶えず、特に山の輪郭が残る薄暮に照らし出された時の鮮やかさは、息をのむほどの感動です。

花期が終わって訪れる人がいなくなった一心行で、一人、黙々と桜の世話をする人に出会いました。秋には秋桜《コスモス》たちも桜を見守っています。こうしてまた次の年、一瞬の輝きの時が訪れるのでしょう。

四百年以上前の武将・中村伯耆守惟冬のお墓の菩提樹です。

一心行の大桜です。満開は４月上旬ですが，暖冬だと急に早まったりするので，注意が必要です。秋桜の時は静かです。

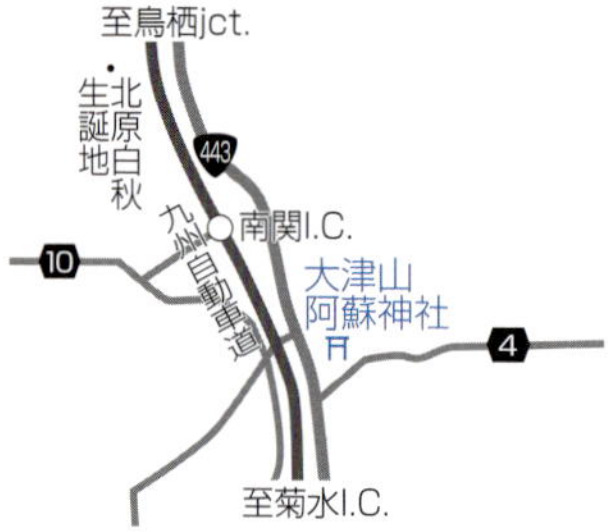

石灯籠の向こうにつつじが咲き誇っています。麻扱場橋でも満開です。陽当たりがよく，4月中旬には見頃です。

玉名郡南関町関東958
☎0968-53-0625（宮）

大津山阿蘇神社《おおつやまあそじんじゃ》

大津山阿蘇神社は、南関富士と呼ばれる大津山の麓にあり、桜とつつじの名所です。皮膚病の神様として知られ、鯰《なまず》の絵馬があったりします。詩人・北原白秋が詠んだ「大津山ここの御宮の見わたしを　族《うから》がものと我等すずしむ」の碑もあります。

周囲は大津山自然公園となっており、麻扱場橋《おこんばばし》（橋の下の川で麻をさらしていたことによる）という石橋が移転復元されています。

杉林に囲まれた神社は九州自動車道の南関インターの近くです。

日輪寺《にちりんじ》

山鹿市と言えば、大宮神社の「ヨヘホ節」の山鹿灯籠まつりに温泉、八千代座などが思い浮かびますが、もう一つ、花寺として名高い日輪寺もあります。

市街地の北に位置し、寺の裏山に三万五千本のつつじ園が広がります。また桜並木も美しく、高さ三〇メートルの「おびんずるさん」という仏像がよく目立ちます。赤穂浪士十七名が細川家に預けられた関係で、大石内蔵助の遺髪塔も境内にありました。

8月16日の千人灯籠踊りと可愛い子供たち。春は桜につつじです。

山鹿市杉1670, ☎0968-44-6721(寺)

なぜ，お城には桜が似合うのでしょう。４月初め，桜に覆い尽くされ一番の絢爛さです。近くには藤やつつじもあるのですが。

熊本市本丸１-１
☎096-352-5900
（城総合事務所）

熊本城《くまもとじょう》

日本三名城に数えられる熊本城は、熊本市民自慢の城です。加藤清正によって築城され、その後二百年以上、細川家の居城となりました。

　そして今は熊本市随一の桜の名所です。重要文化財の宇土櫓、長塀、不開門《あかずのもん》に、明治の西南戦争で焼失し一九六〇年に再建された大小天守閣など、周りすべてが桜花に埋め尽くされます。満開の桜がお城のすべてを包み込み、それは気持ちの良いものです。

　城と桜、実によく似合います。

住吉神社

すみよしじんじゃ

宇土から天草の方に向かうと、国道が島原湾岸に出る住吉で、海に突き出すような丘が右手に現れます。ここが住吉自然公園で、この丘を取り囲むように、ぐるりと紫陽花《あじさい》が植えられています。干満の差が激しい海に紫陽花のあでやかさが映えます。沖に浮かぶのは、古くから歌や物語に詠まれた、その名も美しい風流島です。晴れていればば雲仙の山々もすぐそこに見えます。

急な階段を登って行くと、この地の鎮守様でもある住吉神社が、タブや椎の森の中に鎮座しています。

海辺の紫陽花。満潮を見計らって出漁です。春先には八重桜も見つけました。

宇土市住吉町2067
☎0964-22-1111
（市商工観光課）

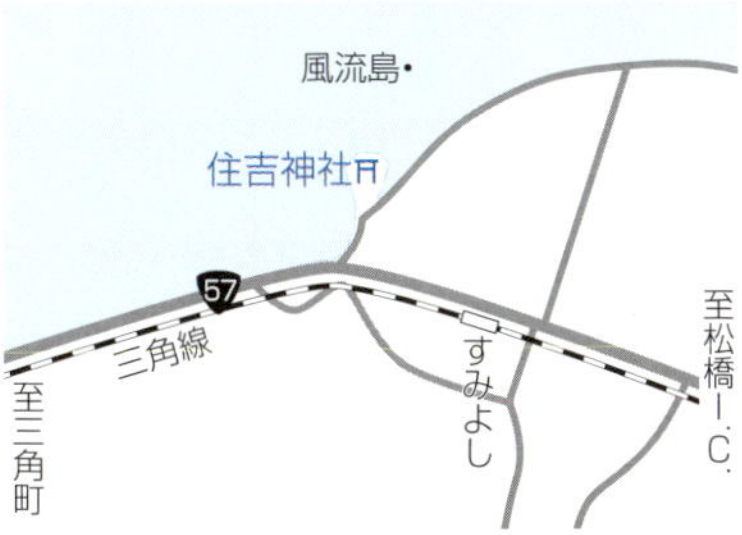

明徳寺《みょうとくじ》と千人塚《せんにんづか》

天草の本渡市は、キリシタン文化が色濃く残る所です。キリシタン大名・小西行長の下で一度は華開いたこの文化も、その後は弾圧されます。

一六三七年の天草の乱で激戦地となった多脚式の珍しい石橋・祇園橋を過ぎて、本渡港を見下ろす小高い丘の上の殉教公園に登れば、天草四郎像に、この乱の殉教者を祀る千人塚などがあります。そして愛らしいエリカの花が静かにこの地を見守っています。ここは天草氏の居城・本戸城跡でもあるのです。

順路に沿い下山すると、キリシタン改宗を目的として建てられた明徳寺に至り、珍しい異人地蔵さんに会えます。

明徳寺の異人地蔵の奥，階段を上って山門をくぐり境内へ。
千人塚のエリカは，4月にピンク色に満開です。

明徳寺：本渡市本渡町本戸馬場1148
☎0969-23-1111（市商工観光課）
千人塚：本渡市船之尾町12
☎0969-23-9011（市観光協会）

大江天主堂の真っ白な小手毬に，11月のブーゲンビリア。崎津天主堂では11月にハイビスカスも。暖かいのですね。

大江天主堂：
天草郡天草町大江1782
☎0969-42-1111
（町地域振興課）
崎津天主堂：
天草郡河浦町崎津539
☎0969-76-1111
（町水産商工課）

大江天主堂《おおえてんしゅどう》と崎津天主堂《さきつてんしゅどう》

その昔、船が唯一の交通手段だった頃、各入江の集落の人たちのために教会が建てられました。丘の上に建つのは、白亜のロマネスク様式の大江天主堂。手入れの行き届いた庭で季節の花が咲き続けます。

ひと山越えれば、崎津天主堂。静かな漁港に面し、街並に溶け込んでいます。併設の保育園児の歓声が響きます。山側の崎津諏訪宮の石段から展望公園に登れば、眼下に天主堂、羊角湾に東シナ海。天草の美しい海が一望できます。

春光寺《しゅんこうじ》

球磨川のほとりにひっそりと佇む春光寺は、肥後細川家の筆頭家老で八代城主だった松井家の菩提寺で、歴代城主たちが静かに眠っています。文学愛好者の訪問が多い「俳句寺」としても知られています。

門前から球磨堤へと向かう道は桜馬場の名残をとどめ、枝垂《しだ》れ桜の老木、紫陽花《あじさい》など花の美しいお寺でもあります。

裏山は戦国の興亡が繰り返された名和・相良氏の居城だった古麓城跡で、歴史自然公園となっています。

4月初めは桜に連翹（れんぎょう），6月は紫陽花。閑寂の中，風格が伝わってきます。

八代市古麓町971
☎0965-32-5557(寺)

青井阿蘇神社《あおいあそじんじゃ》

「球磨で名所は青井さんの御門　前は蓮池桜馬場」と言われる人吉の青井阿蘇神社前には、夏の強い日射しをしっかりと受け止めて、蓮の花がお堀を埋めています。

　その先にある茅葺屋根の楼門、本殿、廊、幣殿《へいでん》、拝殿は、すべて国指定重要文化財で、深閑な空間が広がります。八〇六年の創建で、現在の社殿は相良藩主・長毎《ながつね》が一六一三年に造営したものだそうです。

　司馬遼太郎も『街道をゆく』で「人吉の町でおどろいたのは青井神社の桃山風の楼門だった」と記しています。

8月の早朝，蓮がパッと花開きます。これだけ大きいと，ほんとうに音が聞こえてきそうです。随所に歴史を感じます。

桜の賑わいを過ぎれば，人吉城跡には城壁に囲まれた静寂な空間がありました。夏のお堀にポツンと咲く蓮の花が涼しげです。

青井阿蘇神社：人吉市上青井町118
☎0966-22-2274（宮）
人吉城跡：人吉市麓町
☎0966-22-2111（市観光振興課）
永国寺：人吉市土手町５
☎0966-22-2458（寺）

人吉城跡《ひとよしじょうあと》

相良藩歴代七百年の居城で、温泉街から球磨川の対岸に、苔むした石垣に囲まれた城跡が残っています。天守閣などは失われていますが、天険の球磨川を利用した造りは、いかに人吉盆地が豊かだったかの証《あかし》になっています。

桜の季節も移ろい、青葉もすっかり濃くなった頃、お堀では蓮の花の可憐な姿がありました。城壁の石段を落葉がうずめる晩秋の頃も、きっと趣があるに違いありません。

底冷えのする人吉盆地，梅の頃は氷の睡蓮池も，初夏にはポッとピンク色になります。
幽霊掛軸から何が見えますか。

永国寺

えいこくじ

幽霊寺として有名な永国寺です。寺宝が寺を開いた実底《じってい》和尚による幽霊の掛軸で、拝観していると、なぜか引き込まれてしまいます。冷え込みの厳しい冬の朝のことで、庭の池一面が凍っていました。「夏の水蓮の頃もいいですよ」とのおすすめに再訪してみますと、本当にその通りでした。

次の石水寺《せきすいじ》の創建も、実底和尚です。

石水寺《せきすいじ》

石水寺は一四一七年の創建で、海棠《かいどう》の寺として知られています。春四月、山門から石橋、清流のほとりを菜の花と桜が彩る頃、石段を登った本堂入口にある大石をくりぬいた石門の周りを、それはそれは色鮮やかな海棠が包み込みます。

人吉の西はずれの静かな山ぎわにあり、寺下の川の流れと同じように、ゆるりと時間が過ぎていきます。ひっそり、ゆっくり、ゆっくりと。

海棠の季節に限らず、ここでは何かを必ず発見できることでしょう。

3月末から海棠でお寺がピンクに染まります。季節をずらしても，庭にチューリップや古木の椿などがあり，四季を通して花の美しいお寺です。

人吉市下原田町西門2348
☎0966-22-4411（寺）

岡留公園と青蓮寺《おかどめこうえんとしょうれんじ》

人吉盆地の豊かさを示すように、延々と水田地帯が連なっています。貴重な米を原料にして球磨焼酎を造れるほど、ここは豊饒だったのです。この盆地を貫いているのがくま川鉄道。途中のおかどめ幸福駅のすぐ近くにあるのが、岡留公園です。丘の斜面をつつじが埋めています。熊野座神社があり、土地の氏神様でしょう。

球磨川を渡って旧街道沿いにある国重要文化財の茅葺屋根の阿弥陀堂を持つ青蓮寺は、上相良氏の菩提寺で、ひっそりと梅が咲いていました。早春のことです。

青蓮寺の茅葺屋根をバックに枝垂れ梅。夏の夕方には紅色になるという酔芙蓉（すいふよう）もありました。岡留公園にはポピーも咲いています。

岡留公園：球磨郡あさぎり町免田西
☎0966-45-1111（町商工観光課）
青蓮寺：球磨郡多良木町黒肥地
☎0966-42-6111（町産業振興課）

護国寺・豊後梅

大分県

長因寺前・あやめ

湯布院《ゆふいん》

朝霧と温泉と由布岳の由布院盆地にも、たくさんの神社やお寺があります。

冬の底冷えから解放されると、盆地から立ち上る純白の湯煙も霞み、大分川の土手に沿って菜の花が咲き乱れる、春本番の心地良い季節が巡ってきます。このほとりにあるのが、「恩讐の彼方へ」で有名な禅海が得度したとの伝説がある興禅院《こうぜんいん》で、梅雨の頃、紫陽花《あじさい》の花が静かに咲いています。

大杵社《おおごしゃ》の国指定天然記念物の大杉も見応えがあります。JR南由布駅近くの西蓮寺《さいれんじ》の藤の古木も見事です。長因寺《ちょういんじ》にも白藤と石楠花《しゃくなげ》がひっそりと訪れる人を待っています。

盆地の暑い夏が終わりを告げて、辻々に秋桜《コスモス》が咲き誇り、山肌の薄《すすき》が白く輝き出せば、温泉の温もりが恋しい季節へと移ろいます。

藤と石楠花は長因寺。紫陽花は興禅院で，禅海さんも紫陽花にうずもれています。5月から6月にかけてのことです。

興禅院：大分郡湯布院町川南144-1
大杵社：大分郡湯布院町川南746-19
西蓮寺：大分郡湯布院町中川1290
長因寺：大分郡湯布院町川北1316-1
☎0977-84-3111（町商工観光課）

大杵社の新緑のいちょうを見上げれば，美しい迫力です。4月，興禅院そばの大分川に桜，菜の花と由布岳が微笑み，5月初めの西蓮寺の藤へと時が流れていきます。

安楽寺《あんらくじ》

花菖蒲で有名な神楽女《かぐらめ》湖《こ》への道と県道11号線の三叉路を右へ。山道をしばらく辿ると、道に覆い被さるような安楽寺の枝《し》垂《だ》れ桜の大木が目に飛び込んできます。

霧の出やすい山中のことです。しのつく雨の日に出合った時、うすらぼんやりとしたシルエットの枝垂れ桜は、薄墨色の幽玄の世界でした。

快晴の空の下のその美しさは、言うまでもありません。菜の花の黄とピンクのコントラストは、最高でした。いちょうの大木も迫力があります。

4月初め，霧中の薄墨桜が，ピンクに匂います。快晴だと妖艶な姿です。近くの神楽女湖の菖蒲も霧の中。こちらは6月まで待たねばなりません。

別府市東山1505
☎0977-21-1111（市観光課）

若宮八幡神社《わかみやはちまんじんじゃ》

市街地を流れる桂川《かつらがわ》のほとりにあるのですが、ほんとうに静かです。

参道の両側をびっしりと、紫陽花《あじさい》の花が埋めています。入口から本殿の裏手まで、見渡す限り連なる紫陽花は、ざっと一万本。派手さがない分、落ち着きます。

そして九月には、群生する真っ赤な彼岸花が出迎えてくれます。そう珍しい光景ではないのでしょう。川沿いを走るバイクも知らんぷりして通り過ぎて行きます。

ここは、国東摩崖仏めぐりの入口に当たります。豊後高田市の昭和の町も、すぐ近くです。

紫陽花と彼岸花の季節，どちらがお好きですか。

豊後高田市御玉 1
☎0978-22-3100
（市商工観光課）

長安寺《ちょうあんじ》

このお寺のためだけに造られた急な坂道を、延々二キロ以上登って行きます。すると、境内の山一面を埋め尽くす、石楠花《しゃくなげ》が現れるのです。その艶やかさにまず驚かされます。折からの雨に濡れた花弁は雄弁です。その数四千五百本。目標は一万本だそうです。

桜並木にお庭のつつじだけではありません。ご住職は花がお好きなのでしょう。紫陽《あじさ》花《い》も季節を教えてくれます。

秋は彼岸花です。赤だけでなく黄も白もあります。国東の山並が遠くまで見渡せるほど空気が澄んでいます。

いちょうが黄色く色づき、山が赤く染まっていきます。

何気なく入って行ったお寺ですが，石楠花に紫陽花，彼岸花と，桔梗に苔むす参道，金明竹。そのすべてが壮観でした。

長安寺：豊後高田市加礼川
富貴寺：豊後高田市蕗
天念寺：豊後高田市長岩屋1152
☎0978-22-3100（市商工観光課）

5月，天念寺の若樟に花がいっぱい咲きました。6月，アゲハチョウが悠然と舞い，富貴寺仁王門にベゴニアが可憐な花を咲かせています。

富貴寺と天念寺

ふきじとてんねんじ

富貴寺は二本のいちょうの大木と、もみじに囲まれています。秋の紅葉はもちろんですが、これを外しても、椿が咲いていたり、石垣にはベゴニアや萩の花もあります。富貴寺大堂は十二世紀後半の創建、阿弥陀堂形式の九州最古の木造建築で国宝です。平等院の鳳凰堂と中尊寺の金色堂とで、日本三大阿弥陀堂に数えられます。仁王門がしっかりと寺を守ります。

天念寺講堂は長岩屋山の岩盤に食い込むように建っています。脇のお地蔵さんが紫陽花《あじさい》に埋もれていました。前を流れる長岩屋川の大岩に、不動明王が彫り込まれています。周辺は奇岩、巨岩がそびえる景勝地で、天念寺耶馬と言われています。

両子寺
ふたごじ

国東半島の奥深く、石畳の参道の山門前で、二体の仁王像が参拝者を出迎えます。秋が深まると、もみじ、楓《かえで》が赤く染まり、山と寺を包み込みます。渋柿でしょうか。誰にちぎられるでもなく、たわわに実り、真っ赤に熟していました。

春は白梅、紅梅から始まり、桜の季節に。山寺の鐘が毎朝、山峡にこだまします。昔は羊腸の道も、今は大型バスも楽に通れます。子授けの寺として名高く、安産祈願をします。

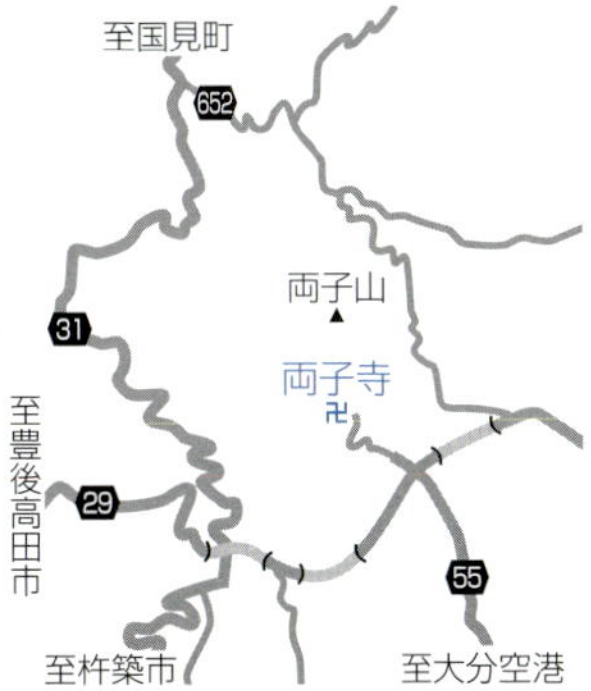

存在感のある仁王像の奥で，護摩堂や参道などを紅葉が彩ります。

東国東郡安岐町両子1548
☎0978-65-0253(寺)

豊後梅は２月下旬には咲き揃います。水仙も同じ時に見ることができます。

護国神社《ごこくじんじゃ》

大分県の県花、淡紅色の豊後梅の咲く神社です。この梅は果実が大きく、八重の大輪の花を咲かせ、普通の梅より一か月ほど遅れて咲き出します。梅園の二百本の梅の木のほか、本殿の脇にも植えられていて、参拝の人たちの目を楽しませています。三月の第一日曜が「豊後うめまつり」です。

西南戦争で亡くなった人の墓には、それぞれの墓標に一株ずつ水仙が植えられています。高台にあるので大分の市街地が眼下に広がります。

大分市牧1371, ☎097-558-3096(宮)

万年橋と大藤。４月下旬にはぐんぐんとその房を伸ばします。

西寒多神社《ささむたじんじゃ》

樹齢四百年とも言われる大藤は美しく、そして元気です。境内からはみ出して、手前の川まで勢いよく枝を伸ばしています。江戸時代の末期に造られた石橋・万年橋とも調和して風情があります。この橋の上から眺めると、その大きさがわかります。「ふじまつり」は四月二十九日より五月五日までです。

豊後一の宮・西寒多神社では、数百株の平戸つつじに新緑、紅葉と楽しめます。大分郊外の静かな花見のスポットです。

大分市寒田1644, ☎097-569-4182(宮)

岡城《おかじょう》跡《あと》

〝春高楼の花の宴〟。岡藩七万石の岡城跡の石垣は苔むしています。城下から坂道を登り詰め、石段の先の尾根伝いに本丸跡まで、ずっと桜並木が道案内してくれます。

「荒城の月」を作曲した滝廉太郎の銅像と土井晩翠の詩碑が本丸跡に立ち、はるか九重や祖母・傾の山々を見渡すことができます。

古い町並や武家屋敷跡を通り、廉太郎トンネルの先の滝廉太郎記念館では、新種のバラ「メンデルスゾーン」が咲いています。

桜の頃，滝廉太郎像が本丸跡で出迎えてくれます。
「メンデルスゾーン」は５月中旬が見頃です。

英雄寺《えいゆうじ》

城下町の稲葉川の対岸にはいくつかのお寺が連なっています。そのうちの一つ、英雄寺は牡丹《ぼたん》の咲く美しい寺です。趣のある鐘楼門への坂道を登ると、枯山水の前庭に所狭しと植えられた牡丹の花が、手招きします。本堂の静けさと見事に調和し、なんとも言えぬ心地良さです。

岡藩主・中川氏が十七世紀に建てた寺で、寺の牡丹は慶長の役の折、朝鮮から持ち帰ったと伝えられています。四月中旬に「ぼたん祭り」があります。

緒方町の原尻《はらじり》の滝のチューリップ畑も近くです。

石碑に導かれて鐘楼門から朝鮮牡丹の前庭へ。そこかしこで牡丹が満開です。

岡城跡：竹田市竹田
☎0974-63-4807（市商工観光課）
英雄寺：竹田市会々 2033
☎0974-63-1516（寺）

普光寺

ふこうじ

紅葉のライトアップで有名な用作《ゆうじやく》公園の近くにある普光寺は、日本最大級の磨崖仏と紫陽《あじさ》花《い》の寺です。かなり急な坂道をグングンと下った所にある山門と本堂のさらに下、大野川が造った谷底一帯が、紫陽花の群落地です。

岩壁に彫られた磨崖仏は大不動明王。両脇に制多迦《せいたか》童子、矜羯羅《こんがら》童子を従えています。また、紫陽花のトンネルを抜けて急な坂道を下り降りれば、見上げる磨崖仏の大きさに圧倒されるのです。

磨崖仏と紫陽花，梅雨の蒸し暑さも吹き飛びます。11月，用作公園の紅葉が闇から光に照らし出される瞬間の美しさには，言葉を失います。

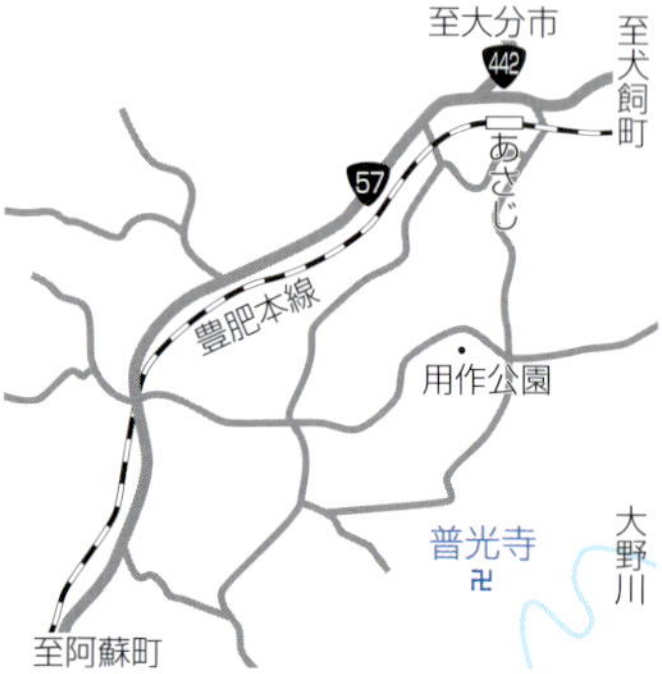

大野郡朝地町上尾塚
☎0974-72-1111（町企画商工観光課）

神角寺《じんかくじ》

眼下の山の稜線に沿って雲が流れていきます。深い山脈《やまなみ》の先に、忽然と石楠花《しゃくなげ》の森が広がります。樹齢二百年になろうかという大石楠花が、まず出迎えてくれるのです。

国指定重要文化財の仁王像がにらみをきかせる山門をくぐり、境内に入れば、そこかしこで石楠花が咲いています。檜皮《ひわだ》葺きの本堂の周りをグルッと一周できる散策路となっています。

神角寺は、五七一年に新羅の僧が建立したという、古い歴史を持っているのです。

石楠花のトンネルを抜けて回廊は続きます。開花は下界より少し遅れ, 4月中旬です。

神角寺:大野郡朝地町鳥田
☎0974-72-1111
(町企画商工観光課)
烏帽子岳浄水寺:大野郡大野町藤北
☎0974-34-2301
(町産業振興課)

烏帽子岳《えぼしだけ》 浄水寺《じょうすいじ》

烏帽子岳の中腹、標高五〇〇メートルの所に、牡丹桜《ぼたんざくら》千本が咲き誇る烏帽子岳公園があります。ほかの桜がすっかり散ってしまった四月下旬に満開になるので、遅い花見ができるのです。花は八重咲きで、ピンクが濃く、一帯は桜源郷《おうげんきょう》です。

この一角にあるのが、神角寺の末寺として牛馬を守護し、家内安全を祈ったとされる浄水寺ですが、花の時期以外は訪れる人も少なく、ひっそりとしています。

すぐ近くにある香りの広場のラベンダー畑では、高原の風が吹き、牛がのんびり草を食《は》んでいます。

高原一帯が牡丹桜です。香りの広場への道の四つ角から神角寺方面へ少し下った所です。ラベンダーは６月下旬から紫に染まります。

早水公園・あやめ

宮崎県

堀切峠・アメリカデイゴ

4月下旬の枝垂れ桜のほか，5月にはつつじや山吹の花が目を楽しませてくれます。

浄専寺《じょうせんじ》

浄専寺への道中は、枝垂《しだ》れ桜の美しさが目立ちます。高千穂に向かう国道沿いの民家の軒先に、ハッとするような見事な枝垂れ桜の大木があったりして、びっくりさせられます。

そして浄専寺三重塔前の樹齢二百五十年という枝垂れ桜。年を取りすぎたのか元気をなくしていますが、若い枝垂れ桜たちが元気にこの老木をサポートして、美しい花風景を見せてくれます。

三ヶ所神社《さんかしょじんじゃ》

浄専寺のすぐ隣にあるのが三ヶ所神社です。こちらは石楠花《しゃくなげ》で、一万二千本の筑紫石楠花が、本殿の周りから境内の至る所で咲き誇ります。

神社春祭でもある「しゃくなげ祭」が四月上旬から始まり、約一か月もの間、各種の石楠花の競演が楽しめます。またこのほかに椿四百本と、枝垂《しだ》れ桜も五百本あります。石楠花と枝垂れ桜は開花期が微妙にずれていますが、年によっては、運良く二倍楽しめるかもしれません。花に包まれているお社です。

本殿の周りだけでなく，奥の山にかけても石楠花が植えられており，西洋石楠花とあわせ，長い期間楽しめるのがここの特徴です。

浄専寺:西臼杵郡五ヶ瀬町三ヶ所
☎0982-82-1717
(町企画商工課)
三ヶ所神社:西臼杵郡五ヶ瀬町三ヶ所
☎0982-82-1513(宮)

高千穂峡の紅葉とともに秋が深まります。つつじは隣町，日之影の天神山つつじ公園です。

高千穂神社《たかちほじんじゃ》

高千穂の神々の峰に見守られ、鬱蒼と生い茂る杉木立の森の中に高千穂神社は佇んでいます。

毎年十一月から翌年の二月にかけて各地区で舞われる夜神楽が、圧巻です。秋の実りに感謝し、五穀豊饒を願って、夜を徹してこの舞いは続きます。見ず知らずの旅人を気さくに誘ってくれる高千穂の人々の温かさが忘れられません。

境内に目立った花はありませんが、一度は立ち寄りたいおごそかな所で、高千穂十八郷八十八社の総社です。神話ファンは天岩戸神社へも是非どうぞ。

西臼杵郡高千穂町三田井1037
☎0982-72-2413(宮)

延岡城跡（城山公園）

のべおかじょうあと（しろやまこうえん）

三千三百本もの野生の藪椿《やぶつばき》が自生する城跡の階段を登って行くと、「城山の鐘」に行き着きます。今でも一日七回、時の鐘が延岡の城下に響いています。

鐘楼脇に鐘守さんのお住まいがあり、「全然家族といっしょに出掛けられません」と笑っておられましたが、これは大変な仕事です。

「なつかしき城山の鐘鳴りいでぬ　をさなかりし日聞きしごとくに」と、中学校時代までの八年間を当地で過ごした若山牧水も詠んでいます。

春になると桜が城址を覆い、ボンボリの下で人々は歌い、酒を酌み交わします。

藪椿の開花期は長く，晩秋から春にかけて，どこかで花をつけています。夜桜も捨てがたいですね。

延岡市東本小路
☎0982-34-7833（市商業観光課）

西都原古墳《さいとばるこふん》

三百十一基もの古墳群がある西都原古墳は、国の特別史跡公園「風土記の丘」として整備されています。西都市街地から高台の上に広がり、東西二キロ、南北四キロの広大な丘陵地です。

古墳群のすき間を埋めるように広大な菜の花畑と桜並木が広がります。秋は秋桜《コスモス》畑です。隣の高取山公園には、春、市花の三つ葉つつじも咲いていいます

悠久の古代、日向の政治・文化の中心地として栄えたことが偲ばれます。

三つ葉つつじに続いて，桜と菜の花が満開です。高台のため，南国・宮崎としては遅い4月上旬が見頃です。

西都市三宅西都原
☎0983-41-1557
(市観光協会)

椎葉《しいば》

平家落人伝説の椎葉の里は、山深い谷間に点在しています。朝晩めっきりと冷え込むようになり、山々の木々が紅葉に彩られる頃、静かな山村は、一番の賑わいを見せます。

十一月第二金曜から日曜にかけて行われる「椎葉平家まつり」では、鶴富屋敷《つるとみやしき》で神楽が奉納され、鶴富姫と那須大八郎の武者行列が練り歩きます。

那須大八郎が植えたと言われる十根川神社《とねがわじんじゃ》の樹齢八百年、高さ五四メートルの八村杉《やむらすぎ》は、迫力があり必見です。山野草が畦道でそっと咲いています。

十根川神社の八村杉は，平家の子孫を見守り続けてきたのでしょう。里山が紅葉し，鶴富屋敷で神楽の奉納です。

東臼杵郡椎葉村下福良
☎0982-67-3111（村企画開発課）

宮崎神宮《みやざきじんぐう》

宮崎に、神武天皇の都があったという伝説があり、この初代天皇を祀っているのが宮崎神宮です。北の日向市美々津には、神武天皇が大和へ向けて船出したという伝承の地や、神武天皇を祀る立磐神社《たていわじんじゃ》もあります。

「神武様」と親しまれる宮崎神宮は、大きな樟《くす》や杉の森に囲まれています。東神苑には樹齢四百年以上とも言われる大白藤があり、春の陽気に誘われて、多くの市民が訪れます。

十月下旬の秋の大祭で行われるミス・シャンシャン馬行列の花嫁姿は人気があります。

近くの宮崎市民の森の花菖蒲園も良い所です。

宮崎市神宮 2 - 4 -1, ☎0985-27-4004(宮)

紫の藤の方が，現在は樹勢が良いようです。菊の紋の奥に，本殿が鎮座しています。

早水神社

はやみずじんじゃ

五月の早い夜明けの太陽が、早水神社の向こうから顔を出す頃、近所の人が散歩がてら静かにお参りをすませていきます。

この季節、早水公園として整備された周辺は、あやめの紫色に染まります。きれいな湧水の池も、すべてがあやめ色に包まれています。その数、三十万本以上とか。これだけのあやめに取り囲まれると、もう壮観としか言いようがありません。

さわやかな初夏の風がゆっくりと渡っていきます。

これだけのあやめの量，見たことがありません。
5月には市花のあやめで，あたりが埋まります。

都城市早水町，☎0986-23-4980（早水公園緑の相談所）

鵜戸神宮《うどじんぐう》と日南海岸《にちなんかいがん》

かつて新婚旅行のメッカで、日南海岸を訪れた人が必ず立ち寄ったのが、鵜戸神宮。「シャンシャン馬」に乗って新婚若夫婦が行く鵜戸詣りがここです。

本殿は自然の洞窟の中にあり、安産と育児、漁業・航海の守護神でもあります。日向灘に面した参道を下って行く道すじでは、四月、珍しい海桐花《とべら》の満開の姿を見ることができます。

日南海岸に沿って青島から堀切峠、サボテンハーブ園、さらに日南市の飫肥の城下へ。見どころがめじろ押しです。

4月初め，どこまでも澄み切った海をバックに海桐花が咲きます。本堂は左側，洞窟の中です。

上から，日南海岸を下った飫肥の街の桜，5月のサボテンの花，8月の堀切峠のアメリカデイゴ。2月に堀切峠で出合った真っ赤なポインセチア。

日南市宮浦3232
☎0987-29-1001（宮）

母智丘神社《もちおじんじゃ》

桜のトンネルが続いています。その距離ざっと二キロ。ここは都城随一の桜の名所・母智丘公園の母智丘神社の参道です。道は少しの起伏があり、トンネルの向こうが、桜のアーチで閉ざされているかのように見えます。

母智丘神社のある小高い丘へ息せききって石段を登れば、市街地に、遠くは桜島までもが一望できます。

そして眼下に目を転じれば、先ほど歩いて来た桜並木が延々と続いている様子が見渡せるのでした。

まさに絶景！　しばし我を忘れてしまいます。

都城市横市町6633
☎0986-23-2754(市観光協会)

桜のトンネルはたくさんあるでしょうが，これだけの規模で美しい所を知りません。4月初めに満開です。

加紫久利神社・ルピナス

鹿児島県

池田湖畔・ブーゲンビリア

霧島神宮

きりしまじんぐう

霧島山麓にある天孫降臨の神話で有名な霧島神宮は、天照大神《あまてらすおおみかみ》の孫の瓊《に》々杵尊《にぎのみこと》を祀ります。六世紀の創建で、当初高千穂峰の山頂近くにありましたが、噴火災害などにより五百年前に現在地に移ったそうです。現在の社殿は一七一五年に二十一代薩摩藩主・島津吉貴が建立しました。

高さ二三メートルの大鳥居をくぐり、深い森となった杉木立の参道を進むと、国の重要文化財でもある朱塗りの入母屋造りの荘厳な社殿と拝殿に到着です。本殿横の二本の枝垂《しだ》れ桜は昭和天皇のお手植だそうです。そして季節は巡り、霧島つつじ、深山霧島《みやまきりしま》の開花へと移っていきます。

境内にある坂本竜馬とその妻・お竜の記念撮影用パネルは、二人が日本人初の新婚旅行に当地を訪れたことにちなみ、ご愛敬です。

姶良郡霧島町田口2608-5
☎0995-57-0001(宮)

4月から5月にかけて，染井吉野から枝垂れ桜，霧島つつじへと，境内の花が移り変わります。

加紫久利神社《かしくりじんじゃ》

一万羽以上の鶴が飛来する出水平野の北東、肥薩おれんじ鉄道の米ノ津駅近くに加紫久利神社はあります。

肥後と薩摩の国境に設けられた野間の関跡にも近く、薩摩二の宮である神社境内に一歩足を踏み入れると、静かな時が流れています。老木から垂れ下がった山藤の紫が、優しく語りかけてくるようです。原色のルピナスにも目を奪われました。

市街地に残る薩摩藩の外《と》城《じょう》である「麓」と呼ばれる武家屋敷群といっしょに、訪れてみたい所です。

鶴たちがシベリアへ帰って行き，4月上旬，参道を山藤の紫が覆います。

出水市下鯖町1272，☎0996-67-2800（宮）

強者どもが夢の跡も、
桜の季節は華やぎます。

曽於郡松山町新橋
☎0994-87-2111(町経済課)

松山城跡《まつやまじょうあと》

規模は大きくありませんが、小高い丘が五百本の桜に包まれています。

ここが松山城跡で、一一八八年に平重頼が築城した二の丸の跡です。城跡の展望台からは霧島連山や桜島を臨み、眼下の菱田川に架かる石造りの眼鏡橋が、いいアクセントになっています。

や

忠元公園《ただもとこうえん》

大口城主・新納忠元を祀る忠元神社から諏訪馬場にかけ、二キロにわたって桜並木が続きます。染井吉野で「千本桜」と言われています。

特に千数百個の提灯に照らし出された夜桜は、妖しい色彩を帯びて、幻想的です。三月下旬から四月上旬にかけて忠元公園さくら祭りが催され、お花見の人でいっぱいになります。

近くにある東洋のナイアガラと言われる幅二一〇メートルの曽木の滝は、迫力があり、桜と紅葉の名所でもあります。

春一番の風にボンボリが揺れています。この分だと，桜の散る時が早まりそうです。
曽木の滝の紅葉も，滝の迫力に押されがちです。

大口市原田
☎0995-22-1111(市商工観光課)

蒲生八幡神社《がもうはちまんじんじゃ》

蒲生も薩摩藩の「麓」集落が残る、静かで落ち着いた街です。中心部の高台にある蒲生八幡神社は、蒲生家初代・上総介舜清が築いたもので、境内に日本一があります。樹齢千五百年、根回り三四メートル、高さ三〇メートルの樟《くす》の巨樹です。国の特別天然記念物で、樹の空洞は畳八畳分にもなる広さだそうです。こんな大木のある風景もいいですね。樟が町木です。

町花のサルスベリも咲いています。裏のさくら公園に登れば、町内が見渡せます。「田《た》の神《かん》さあ」が田んぼの畦道で米の豊作を願っていました。

大きく上空に枝を広げる蒲生の樟。桜がひっそりと咲いています。下久徳地区の「田の神さあ」は，ちょっとおしゃれですね。

姶良郡蒲生町上久徳
☎0995-52-1211(町経済課)

仙巌園

せんがんえん

ご存じ仙巌園（磯庭園）は薩摩十九代藩主・島津光久の別邸だった所です。桜島を築山に、錦江湾を池に見たてた庭園のスケールの大きさは、さすがです。

早春から緑の松などを彩るのが、寒緋桜《かんひざくら》に大島桜、染井吉野の桜です。裏の磯山にも千本の染井吉野。つつじたちも負けていません。秋の菊花展も見事です。美しい海と花を、鹿児島の象徴・桜島がドンと真正面で見守っています。

２月は寒緋桜が桜島と一体になります。３月には染井吉野。秋の菊花展も庭園に華を添えます。

鹿児島市吉野町9700- 1
☎099-247-1551（仙巌園）

枚聞神社と池田湖畔

ひらききじんじゃといけだこはん

砂蒸し温泉で有名な指宿の西、薩摩富士と呼ばれる開聞岳の北麓に、薩摩一の宮・枚聞神社はあります。鬱蒼と茂る千数百年を経た樟《くす》の老樹が林立し、それらに根づいた山桜が目立ちます。

南薩地方の総氏神様と慕われており、参道から鹿児島地方独特の建物、朱漆塗極彩色で唐破風の勅使殿へと導かれます。権現造りの拝殿、幣殿、本殿と美しく調和しています。

さすがに南国です。周囲の畑では、一月には菜の花が満開になり、池田湖へと続いています。ブーゲンビリアにハイビスカスという南国の花を、路地端でもよく見かけます。

3月初めには枚聞神社の樟に寄生した山桜が開花します。

1月から池田湖畔の菜の花やブーゲンビリア，長崎鼻の金魚草が満開です。

揖宿郡開聞町十町1366
☎0993-32-2007(宮)

大杵社・大杉

おわりに

花のある風景は心が和みます。

ある日、私は満開の桜の美しさに魅せられ、誘われるままあるお寺の境内に迷い込みました。私以外だれもいません。春爛漫、桜たちは暖かい光をいっぱいに浴び、微笑みかけています。聞こえてくるのは風の音だけ。静寂です。花も空気も、すべて一人占めです。時間だけがゆっくりと過ぎていきます。蜃気楼のような体験でした。


たった一人で見ているのはもったいない。たくさんの人たちに教えてあげたい。信心深くない私でも、境内に一歩足を踏み入れると、心が安らぎ、落ち着いた気分になるのも確かです。漂う気配、空気のせいなのでしょうか。


花が一輪そっと咲いています。

花が境内を覆い尽くしています。

静かに季節が移ろっていきます。

九州には美しい山河も海もあります。雨が大地を潤し、暖かく、やさしい光がこれらすべてに降り注ぎます。

安楽寺・枝垂れ桜

花を通して、たくさんの人たちに出会えたことを嬉しく思っています。一瞬の輝きを見せる花たちにも、たくさん出合えました。季節を追う「花の旅」はほんとうに良いものです。太宰府育ちの私にとって、花を通して見る太宰府の風景は新鮮でした。

そして、まだ出合えていないたくさんの所があります。次の新しい発見の旅を続けてまいりたいと思います。

最後にたくさんのありがとうを言わせてください。この本にもっとも理解を示してくださった太宰府天満宮の西高辻信良宮司はじめ、天満宮のみなさん。たくさんのご住職にその奥様たち。出版社の海鳥社のみなさん。すべてのみなさんへ。

モデルをつとめてくれた多くの花たちにも感謝です。この本を手に取り見てくださったみなさんにも。

ありがとうございました。

平成十六年早春

栗原隆司

▶冬

▶無季

▶夏

▶秋

索　引

1　本索引では本文中に写真を掲載した花のみを収録しましたが，現地ではここに挙げた以外にも様々な花を見ることができます。
2　開花時期により春（3－5月），夏（6－8月），秋（9－11月），冬（12－2月）の四季に分類し，同じ季節の花は「あいうえお」順に掲載しました。なお，一年を通して見ることのできる常緑樹については，「無季」として本索引末尾に掲げました。また，掲載ページと合わせて花のある場所を掲げていますが，これはその周辺地域も含みます。
3　花の種類や開花時期は場所や年ごとに変動がありますので，詳細については本文中に掲載しております問い合わせ先にご確認下さい。

▶春

栗原隆司（くりはら・たかし）
1952年，福岡県生まれ。1970年，「ドン急修学旅行列車東へ」を発表。1980−81年，真島満秀写真事務所に在籍後，フリーカメラマンとなる。1987年，日本鉄道写真作家協会加入。現在，太宰府市在住。『日本縦断写真集　鉄道のある風景』，『九州・鉄道の旅』（以上，海鳥社），『九州花の名所12カ月』，『九州小さな町・小さな旅』（以上，山と渓谷社），『ＪＲ特急』（講談社）など著書多数。

九州《きゅうしゅう》・花《はな》の旅《たび》

■

2004年３月１日　第１刷発行

■

著者　栗原隆司

発行者　西　俊明

発行所　有限会社海鳥社

〒810-0074　福岡市中央区大手門３丁目６番13号

電話092(771)0132　FAX092(771)2546

印刷・製本　瞬報社写真印刷株式会社

ISBN 4-87415-474-3

http://www.kaichosha-f.co.jp

［定価は表紙カバーに表示］